淺野 章

スピノザの宗教観

感謝の観念を中心として

東京図書出版

はじめに

「感謝における人間存在の構造」を、卒業（慶應義塾大学通信教育課程）論文で論じて後、スピノザの思想において、感謝は人間相互の間においてのみ取り扱われていたことを思い出した。スピノザの思想を専ら検討していたわけではなかったが、何故か特にスピノザのことが頭に浮かんだ。宗教について、スピノザの宗教の立場から、感謝の問題を考えると、どうなるのか。この問いがそもそもの発端である。いろいろ問題はあるにしても、スピノザ自身の宗教は「神に対する知的愛」として端的に表現することができよう。したがって、「神に対する知的愛は感謝といえるか」という問いが、スピノザの宗教における感謝の問題の最も簡明なテーマということになる。

しかし、このテーマに迫るには、容易ならぬものがある。第一に、スピノザ自身、自己の宗教について、少なくも宗教として明確に語っていない。それはそれなりの理由があり、その辺の解明から今回の検討が始められた。即ち、スピノザ自身の宗教の特性ともいうべきものを明らかにしていくことである。それが本論考のほぼ前半をなしている。後半は感謝の構造を手がかりにして、スピノザの思想、スピノザの宗教における感謝を問題にして検討を進めた。宗教といってもスピノザ自身の宗教についてであるが、スピノザ自身、特に明らかにしていないので、検討といってもなかなか難しい。もちろんスピノザ自身がそのような有り様であるから、関連する資料が豊富にあるわけではない。まして、感謝の問題ということになると、その困難は一層甚だしいものがある。学術用語として翻訳する場合にも大きな抵抗感を持つらしい[1]。したがって「感謝」の研究などというのは極めて稀である。この点、同じ意味を持つと考えられる「恩」は仏教関係から発して世俗化しているが専門用語の地位を保っている。感謝に関する研究は恩の思想と切り離せないものがあるがやはり時代感覚というか、感謝を直ちに恩と見なせないものがあるように思われる。この辺はなかなか難しいところであるが、感謝に関する文献の稀少さが論考を困難にしたことは否めない。基本姿勢をスピノザ自身に聴くという点に置き極力思索に努めた。

幸い、小坂教授の寛大なご指導により一応曲がりなりにも結論へ持っていくことが出来た。実際、全く未踏の分野であるだけに幾度も迷いかけ、一体意味のあることをしているのかと疑心にとらわれたこともあった。二年以内というあまりに短い期間であり一旦迷いの路に踏み込んだら取り返しのつかぬところであった。この短い期間ではあるが、ラテン語原文に接するように奨めていただき、記憶などは及びもつかないが、スピノザの原典に接することが出来たのは、小坂先生のご指導の賜物である。ご指導のご期待に添えずに文字通りの拙論に終わったことは非力のなせる業とはいえ遺憾である。

知的愛と感謝、あるいは知と愛つまり知性と感性という人間存在の根源に関わる問題は相乗相関的に働くところより、「神に対する知的愛は感謝といえるのか」、より根底より克明されることが望まれているように思われる。

（1）M・クライン『羨望と感謝』松本善男訳、みすず書房、1975年。204ページ。訳者の指摘により、改めて用語、特に翻訳について考えさせられる。Gratitude：感謝（Melanie Klein, 1882–1960. ウィーン生まれでウィーン大学で医学研究、結婚後、イギリスへ渡り〈1926〉ロンドンで精神分析の教育と実績に従事）。

凡例

㈠ 用いたスピノザの著作と略号。

⑴『知性改善論』（Tractatus de Intellectus Emendatione, Et de via, qua optime in veram rerum Cognitionem dirigitur, Spinoza Opera, vol. II, pp. 1–40）略号T.I.E.

⑵『エチカ』（Ethica, Ordine Geometrico demonstrata, Spinoza Opera, vol. II, pp. 41–308）略号はE.

⑶『神学・政治論』（Tractatus Theologico-Politicus, Spinoza Opera, vol. III, pp. 1–267）略号はT.T.P.

㈡ 邦訳書はすべて畠中尚志訳の岩波文庫を用い、仮名遣いなどは訳文通りとした。

スピノザの宗教観◇目次

序　論

「神に対する知的愛は感謝といえるか」この疑問にどの程度答え得たか、それを如実に示しているのが、以下の論考である。

西洋哲学史の知識を多少とも持っている者なら、神に対する知的愛[1]、が何を意味しているのか、誰の言葉か、説明をする必要はあるまい。しかし、神に対する知的愛は感謝といえるか、と問われたとき、直下に答えることの出来る者は幾人いるであろうか。おそらく、この問いに答える前に、このような問いを何故問うのか、と問い返されるであろう。問い返しの意味は問い返すものによって様々であろう。様々なものの中のいくつかの問いについて考えてみよう。

神に対する知的愛は感謝といえるか、と問われて、反問するのは、問いの意味を明らかにすることを求めているものと解される。ここにおいて、神に対する知的愛が改めて、問題となる。当然この言葉を記したスピノザ（Benedictus de Spinoza. 1632–1677）が焦点に据えられ必然的に様々な反問がそこから提起されよう。

神に対する知的愛と感謝との関わりもさることながら、スピノザと「感謝」という、一見、設問とは直接関係がないように見えていながら、人と思想とは密接に関わっている以上、看過することの出来ない問題でもある。

この点についていささか触れてみる。(2)

当面の焦点はスピノザの生い立ちにある。スピノザは1632年11月24日に、ミカエル・デスピノザ（Michael d'Espinosa）を父とし、またハンナ・デボーラを母として、アムステルダムのユダヤ人地区において誕生し、ベントー（Bento）とポルトガル語で命名された。ベントーにはミカエルの先妻の娘、つまり異母姉が一人、母を同じくする姉と兄、それに弟がいた。兄は夭逝《ようせい》し、姉も結婚後23歳で早逝（1651年）、母もまたそれ以前の1638年11月5日ベントー6歳の時、肺を患って他界し、その後ミカエルが三度目に迎えたベントーの継母も1652年に、ミカエル自身つまりベントーの父もその2年後に亡くなっている。ミカエルはアムステルダムの有力なユダヤ商人の一人であった、と言われており、スピノザは裕福な家庭に育ったとされるが、(3)家庭環境に恵まれていたとはいえない。また、次に問題とする破門に関連して、遺産分配の相続権を親戚たちがスピノザから奪おうとした。法廷で争い、自己の権利を得たが、分け前として上等の寝台と寝台のカーテン以外は何も取らず、家族からの離別は永久的なものになったと言われている。(4)

感謝の問題は、人の生育環境と深い関わりをもっているだけに、スピノザの思想を考える上で、これを完全に無視することは出来ないであろう[5]。

「感謝」において、家庭、家族、親戚関係などに勝ってスピノザの場合重大な意味を持つのは、ユダヤ教団からの破門である。１６５６年7月27日スピノザに対する破門状が布告された。アムステルダム教団の理事会による破門の法議は、まさに呪いの一語に尽きる。『……バルフ・デ・エスピノザを破門し、追放し、呪詛するものなり。彼は昼に呪はれてあるべし、夜に呪はれてあるべし。彼は寝るときに呪はれてあるべし、起き出づるときに呪はれてあるべし。彼は出て行くときに呪はれてあるべし、歸り來りたるとき呪はれてあるべし。主は彼を許さんとはなし給はざるべし。主の怒りと憤りとは此の者に向ひて燃え上り、掟ての文に記されたる一切の呪ひを此の者に投げ給はん。……』法議の後「我らは命ず、何人も口にも筆にも彼と交ること勿れ、何人も好意を彼に示すこと勿れ、何人も彼と一つ屋根の下に、或は四エルレン以内の地に、時を送ること勿れ、何人も彼のものし記せる書を読むこと勿れ[6]。」

破門状を一読すれば、スピノザにとって、感謝などという心情が何故問題とされるのか、反問するのも無理からぬものがある。

破門された後Bentoと同じ意味（「祝福されたる者」）のラテン語Benedictus[7]（ヘブライ語は破門状に用いられていたBaruch）に換えて用いるようになった。後年スピノザは宿としている家の主人のヴァン・デル・スピック（van der Spyk）に、教団の妥協案である年金支給を断ったのは、一万グルデン貰っても頭巾を被って会堂へ出掛けようとは思わなかった、自分の求めているのはただ真理のみであって、外見ではない、と伝えている。[8] 所属するコミュニティーから追放され「感謝」どころではないように見えながら、このスピックの伝える言葉の中にスピノザの真面目を見る思いがする。即ち、初期の論文である『神・人間及び人間の幸福に関する短論文』（Korte Verhandeling van God, de Mensch en deszelfs Welstand, 1661）から『エチカ』（Ethica, Ordine Geometrico demonstrata, 1675 完成）への思想的発展の中にその間の消息を知ることが出来る。ここにおいて、スピノザにおける「感謝」の問題は、思想として考察する圏内に入ってきたようである。破門の原因を解することが設問の意味を解する第一歩となる。

ユダヤ教に対する批判であることは言うまでもない。ベントー自身受けた教育は、富裕な家の若いマラーネの受ける教育であった。ユダヤ民族の教義である基本教育、ヘブライ語、聖書、さらにユダヤ教について学んだ後、ユダヤ民族最大の哲学者マイモニデス、[9] チャスダイ・クレスカスを知り、掲出の設問と深い関わりがあると考えられるユダヤのルネッサンス哲学者レオーネ・エブレオ[10]の影響を強く受けるようになった。アムステルダム教団に在る間に、新プラトン主義とカバラ[11]とを結びつける哲学を識ったことも、スピノザの思想形成の上で大きな役割を果たしている。書物を通しての知識のみではなく、実在する人物、即ち何らかの意味で師弟関係にあった人々の影響も破門に連なるものをもっている。共に医学に関係のあるファン・デ・プラドー[12]とフランシス・ヴァン・デン・エンデン[13]とである。自然主義者であり、当時の自由思想家である。詳細な点でスピノザのユダヤ教離脱がどのように行われたか不明であると言われるが、殊更述べるまでもなく、まぎれもなく宗教問題であり、宗教を批判しておりながら、宗教に最大の関心事を、いわば人生の意味を見出していたというのが設問において最も肝要な点である。年来のコミュニティーを離脱後、レインスブルフのコレギアント派（Collegianten）と人間的に親しい関係を結んでいた。宗派というより、このコレギアント教は雑多な宗教団体の邂逅の場であった。過大な信仰の自由が行われていた。ヤーリヒ・イェレス[14]をはじめスピノザの生活の面倒をみるに至るほどの深い友情で結ばれる人々との出会いは、スピノザに新生面を開示したことは疑えない。ここに設問はまた新しい意味をもってくる。さらに、これまたスピノザの学問上に決定的とも言うべき影響を与えたデカルト哲学の研究に携わった。１６５０年代はデカルト哲学の強力な出現によって、オランダの精神文化が圧倒された。スピノザは早くからデカルト（René Descartes, 1596–1650）の哲学の影響を受けていたので、真理に対して確固とした信念を持つに至ったと考えられる。それが宗教批判の基盤をなし、また生活の信条として養われたことは想像に難くない。そのほか、ベーコン[15]（Francis Bacon, 1561–1626）、あるいは、ホッブズ[16]（Thomas Hobbes, 1588–1679）などの学説にも、孤独ではあるが自由な思索の生活にあって、親しんでいったものと思われる。

さて、ここで今一度設問に返ってみると、様々な反問の一つに恐らくは挙げられるであろうと思われるものに、デカルト、ホッブズの学説から導かれる身心二元論[17]あるいは機械論的唯物論[18]の思想が、スピノザに与えている影響である。そのような思想の立場からは、神に対する知的愛は消極的にしか評価されず、まして、感謝などに思い至ることは先ずあり得ないとされるであろう。

「神に対する知的愛は感謝といえるか」。何よりも先ずスピノザ自身に尋ねなくてはならない。そのためには、スピノザの宗教観を知ることが先決である。もとより、設問自体がスピノザの宗教観に包含されている視点、それも決定的と考えられる視点より発している。

第一章以下の論考はその展開である。展開である以上、二つの思想、即ち「神に対する知的愛」と「感謝」という二者を単に比較検討しようとするものではない。一方の知識が深まれば、他方の知識も深まる、という相互的・相乗的関わり方をしている。特に、第三章で「感謝の構造」を取り上げた理由もそこにある。したがって、第四章2節においても単に「感謝の構造」を適用したというより、「感謝の構造」を適用すると共にこれを深めていることとなる。少なくも、論者としては、その心掛けで論を進めている。設問に対する反問を予想したように答えることは極めて難しい課題である。設問の紹介をもって「序論」としたい。

(1) amor Dei intellectualis
(2) ゲープハルト『スピノザ概説』豊川昇訳、創元社、1945年。27~29ページ。
(3) 同、29~31ページ。
(4) 同、45ページ。
(5) 篁實『スピノザ』弘文堂、1950年。4ページ。
スピノザの思想のうち、同情、愛、憐憫、という温かい情緒は打ち捨てられて理性の冷ややかな認識を媒介とする透徹した世界が強く説かれているのも或いはその理由の一端をこのような事情に帰することができるであろう、と説いている。
(6) ゲープハルト、前出。41~42ページ。
(7) 同、30ページ。
(8) 同、43ページ。
(9) Maimonides、本名Moses ben Maimon(1135-1204)。
コルドヴァ生まれのユダヤ哲学者。スピノザは『神学・政治論』で批判している。
(10) Leone Ebreo(1460-1530)リスボン生まれ、ナポリで死去。新プラトン学徒。『愛の対話』1502年デュノアで出版。スピノザの蔵書の一つ。

(11) kabbaraとはtradition伝承の意。ユダヤ神秘主義の系譜を代弁するもの。ユダヤ合理主義を重視する立場からは、消極的むしろ否定的な評価により、スピノザへの影響について考えていない。フロイデンタール、ゲープハルトなど。一方、ボルコフスキーは、スピノザの思想形成上重要視し、カバラの研究を行っている。

「限りの神」として今日では各研究者によって論じられている。

河井徳治『スピノザ哲学論攷』創文社、１９９４年。14〜26ページ。

石沢要『スピノザ研究』創文社、１９７７年。39〜２３０ページ。広範な研究が「スピノザにおけるDeus Quatenus」として、論考されている。

(12) スピノザにユダヤ教の神の掟に従わない尊大の気を吹き込んだとされる医師。ゲープハルト、前出。37〜40ページ。

(13) 娘クララとスピノザとの間の愛情問題で取り沙汰される父親だが、ラテン語、ギリシャ語をスピノザに教えたとされる。スピノザが深い感化を受けたという説をゲープハルトはありそうもないと否定する。前掲書58ページ。

(14) Jchnigh Jelles（?—１６８３）キリスト教派中の自由な一派であるメンノー派に属す。この派は十字洗礼を認めず、牧師を置かず、戦争を絶対に否定する。アムステルダムの香料商人であったが商売を止め真理探究に身を捧げた。スピノザの『デカルトの哲学の原理』の出版費用を出し、『神学・政治論』を友人に蘭訳させた。彼の思想はキリスト教をデカルト主義の調和であるとし、キリスト教用語に新しい哲学的意味を盛った。『普遍的キリスト教的信仰の告白』という著書がある。スピノザ遺稿集の序文を記している。『スピノザ往復書簡集』畠中尚志訳、岩波文庫。１９７２年。４３２ページ。ゲープハルト前出。64〜66ページ。

(15)『スピノザ往復書簡集』畠中訳。17～18ページ。74ページ。
(16)スピノザはホッブズから大きな影響を受けているが『政治論』にホッブズの名が見出せないのは、ホッブズから離反し、独自の『政治論』を持つに至ったとして、両者の著しい相違の根拠を人間観の相違にありとし、それがまた両者の自然状態の見方の相違をなしていると工藤は説いている。ホッブズは人間をモナド的実体としたのに対し、スピノザは全体の部分あるいは様態として捉えている。即ちホッブズの場合は個人が対立するが、スピノザでは協調的受動的である。前者は自然と敵対し、後者は自然の一部となる。コナトゥスについても前者は位置の移動に過ぎないが、後者は運動の始まりであり維持する力であると説いている。それは「限りの神」である個別によるとしている。工藤喜作・桜井直文『スピノザと政治的なもの』平凡社、1995年。10～44ページ。
(17)デカルトの心身二元論をスピノザは実体の唯一性によって克服し、一元論的平行論を説いた。心身平行論は生理と心理あるいは精神と肉体の関係を示すもので、今日もなお争われている。平行論が是にされるのは同様なものの間にのみ見られるものとして因果による説明が無理なく行えるが、両者がどのように関わっているか説明できないところに難点がある。交互作用説をよしとする主張となるがデカルト説を持ち出さぬとすると、それも未知なるものを残すことになる。岩崎勉『哲学序想』光の書房。1948年。170ページ。
(18)スピノザの思想を唯物論と解しているのは、1843年フォイエルバッハで「無神論のモーゼ」と呼び、またマルクスとエンゲルスの高い評価がある。篁前出、47ページ。工藤喜作『スピノザ』講談社、1979年。368～369ページ。

第一章　スピノザの宗教観

1 宗教か哲学か

スピノザの宗教観については、見る人によって様々であり、極端に相反する見方さえなされている[1]。或る人は無神論者と罵り、或る人は神に酔える人と讃える。言うまでもなくこのような相違は、スピノザに対する評価の違いを示すものである。それらが外側から見たスピノザの宗教観であるのに対し、スピノザの内面に即して、スピノザ自身、宗教をどのように見ていたのか、さらに、スピノザの宗教はどのようなものであったのか、が問われる。スピノザ自身の著作を通して、可能な限りこの間の事実を探り、簡潔に述べてみることとしよう。

スピノザ自身の宗教観は、幾何学的形式によって叙述された主著『エチカ』の最終に置かれた第五部に端的に示されている。この第五部は、いわばスピノザ哲学の到達点を示す最も重要な部分であるが、この部分のみをもってスピノザの宗教観の全貌を把握することは出来ない。特に、スピノザ自身宗教をどのように見ていたのか、この点については、後述する『神学・政治論』(2)を除いては具体性に欠ける。スピノザが宗教にいかに関心を持っていたか、『国家論』(3)一つをとっても容易に首肯することが出来る。というより、スピノザの考える宗教が人間の生活の根幹をなすことによって、人間の自由即ち幸福が招来されるという、スピノザの確信が各著書に横溢していると見るべきであろう。

もちろん、スピノザといえども若くして不動の確信を持っていたわけではない。否、あまりに有名な『知性改善論』(4)冒頭の一説がその間の事情を如実に物語る。

やや詳細にこの一節を検討し、スピノザの宗教観に迫ると共にその特色を明らかにしたい。

日常生活に於て屡々遭遇するもののすべてが洞ろで虚しいことを経験によって教えられ、また、これまで私にとって怖れのたねであり、まとであったものはすべて、それ自身で善とか悪とかいう性格をもっているのではなく、ただ心がそれに動かされるかぎりにおけるにすぎないのである。といろいろことを覚えるにおよんで私はとうとう決心した。すなわち、人間のあずかることのできる真の善であって他の一切をなげうってまでも、ただそれだけで心が感動させられるようなものが何か存するかどうか。

否むしろ一たびそれを発見し獲得したからには間断のない無上の悦びを永遠に享有し得るような或るものが存するかどうかを探究しようと。[5]

『知性改善論』がスピノザの何時頃の著作であるかは、問うところではない。問題はスピノザの若き日の関心にある。掲出冒頭の一句そのものがスピノザの本来の関心を端的に示している。「日常生活において遭遇するすべてのもの」(omnia, quae in communi vita frequenter occurrunt)[6]、「すべてのもの」(omnia)と言い切って総括した一切のものが、洞ろで空しい(vana, & futilia esse)[7]、現世の事物・出来事の何もかも頼りにならず、空虚な思いのみが残る。この境地、境涯に立ったところから宗教的関心が湧き起こってくる。したがって、次に続く一節こそ必然的に宗教的関心、否、宗教的熱望の吐露となって現れる。「つひに余はかう決心した」(constitui tandem. . .)[8] まさに求道者の決意表明である。洋の東西また古今を問わず、いわばこの無常の風に誘われて一念発起するところに、宗教の一つの起源ともいうべきものがある。それは、永遠なるもの、恒常不変なるもの、絶対的なるものへの飽くなき探究である。それを得るまでは、あるいは、その境地に達するまでは、心の安らぎを得ることが出来ない。スピノザの決心がいかに真剣なものであったか、続く言葉の中に表出されている。「他の一切を捨てて唯それからのみ心が動かされる」

(ā quo solo rejectis ceteris omnibus, animus afficeretur.)[9] あるものを求める、まさに一種の賭けである。しかも自己の全存在を賭している。並大抵の覚悟ではない。求道者そのものである。身を翻して、僧院へ、あるいは、家郷を捨てて一人漂泊の旅に上ったものの姿を彷彿せしめずにおかない。もっとも、スピノザ自身はその何れをも採ることなく、むしろそれらに反して、所属するユダヤ教会から破門され、居住区から追放される身となった。このような状況に直面し、境遇に陥った理由が何であれ、そこにスピノザの宗教観が強く影響している、というよりむしろ決定的に作用したものと推察することは極めて自然であろう。一見、不幸な境地にありながら、スピノザは内面の自由を得た。自由こそスピノザにとって何ものにも代え難いものであった。スピノザの本来の目的とするところが、ただそれからのみ、「不断最高の喜びを永遠に享有し得る」(continuā ac summā in aeternum fruerer laetitiā)[10] ような或るものであり、それは、「真の善」(verum bonum)であり、真の善の発見と獲得即ち最高善は絶対無限の実有であり、神である。スピノザは『エチカ』第五部において、自己の生涯を賭した探究の末、到達した境地を最高の満足をもって、定理の形で、即ち、単なる自己満足でなく、普遍的形式で叙述している(定理27および証明)[11]。

知性によって、より適切には純粋知性(purus intellectus)によって最高善に到達する、ここに『知性改善論』の意義がある。[12] また、冒頭に記された探究への出発の動機が、ここにおいて完全に実現されることとなる。

スピノザの宗教はこのように知性による宗教である。しかし、一般に宗教は知性によるのではなく、信仰によってこそ真の宗教と言われるのではあるまいか。知性によるものは宗教と呼ぶよりはむしろ哲学と称した方が適切ではなかろうか。これらの点につき、なおスピノザ自身に即して考えてみることとしよう。

（1）岩崎武雄『西洋哲学史』有斐閣、1999年。158ページ。「神に酔える無神論者」との評は、矛盾した評価を苦しまぎれに言表したものであろう。しかし、この矛盾した表現は、スピノザ哲学のつまり論者ではなく学説の一面を衝いているともいえる。「神に酔える人」はノヴァーリス（Friedrich von Hardenberg 1772–1801. Novalisはペンネーム）の評。「無神論者」については多くの人が記している。有名なのは、ベール（Pierre Bayle 1647–1706）の『歴史批評辞典』Dictionnaire historique et critique〈初版1696年〉野沢協訳、法政大学出版局、1987年。ピエール・ベール『著作集第五巻・歴史批評辞典Ⅲ』638～706ページ）に記載されたスピノザの項によるものである。無神論者として喧伝されるもととなったともいわれ、「犬のごとく捨ておかれる」こととなった。なお、フォイエルバッハの評については、同書12ページ参照。
（2）Tractatus Theologico-Politicus、1670年。発行所、著者名をいつわっている。
（3）Tractatus Politicus、未完。遺稿集として刊行。

（4）Tractatus de intellectus Emendatione、未完。遺稿集として刊行。

（5）スピノザ『知性改善論』畠中尚志訳、岩波文庫、1954年。9ページ。

（6）、（7）、（8）、（9）、（10）T. I. E.: II p.5.

（11）「この第三種の認識から、存在しうる限りの最高の精神の満足が生ずる。」Ex hōc tertis cognitionis genere summa guae dari potest, mentis acquiescentia oritur. E. V. Prop. 27: II-p. 297.

（12）『知性改善論』畠中訳、63ページおよび82ページ・註54。
桂壽一『スピノザの哲学』東京大学出版会、1956年。桂はスピノザの思索の目的は人間の幸福にあるが、「飽くまでも現世的な幸福であって、彼岸的、宗教的なものではなかった」（10ページ）と説いている一方、スピノザは「道徳の理想的境地、或は見かたによっては宗教的でもある境地をば」と述べ、そうであってもやはり「現世を離れたいわゆる彼岸的なものとは考えていなかった。」（371〜372ページ）と記している。なお、スピノザ解釈の鍵は「パトス的なものとロゴス的なものとの統合」を如何に抽出し、また結合するかという点にあるとしている（11ページ）。「見かたによっては宗教的」の一語は注目させられるが、桂は終始宗教的見かたをしようとしてはいない。ここに宗教を如何に解するかが問われる。岸本英夫『死を見つめる心』において説かれている宗教は彼岸の否定であるだけに注目される。宗教哲学と本論稿は深く関わる。

2 信仰による宗教

スピノザ自身の宗教を知性による宗教と呼ぶなら、知性より信仰を重視する宗教を信仰による宗教と称することも許されるであろう。

最高善即ち神といかに関わるか、この関わり方が知性による宗教と信仰による宗教の両者を分かつ重要な分岐点となる。

知性より信仰を重視する宗教として、スピノザが詳細に研究したのはユダヤ教の聖典である旧約聖書である。もとより、スピノザの関心は、新約・旧約の両聖書を含めたキリスト教の全体に及んでいるが、スピノザ自ら記すところによると、ギリシャ語の知識の不足を理由に、新約聖書については旧約聖書ほど綿密な考証がなされていない。しかし、スピノザの関心の及ぶところ、スピノザの強力に主張しようとする点に関しては充分な論考がなされている。すでに記したことであるが、スピノザ自身の目を通して見たスピノザの宗教観については、スピノザの述懐するところより明確に知ることができる。

スピノザは1677年に、『国家論』の執筆中、完成させることができずに世を去った。『国家論』には、宗教に関する一切は『神学・政治論』において詳細は示した、と記されている。(1) したがって、『神学・政治論』20章の各章を追って叙述することが、もっとも忠実なスピノザの宗教観の紹介となるであろう。しかし、『神学・政治論』を研究対象としておらず、また各章について詳細多岐にわたる検討を経ずとも、その概要のみにて十分スピノザの宗教観をうかがい知ることが可能と思われるので、その要点のみを記すこととする。

『神学・政治論』の「緒言」は、内容豊かなものがある。人間についての深い洞察から、迷信と宗教が軌を一にして生ずるものであることを説いている。人間は途方に暮れるような困難に陥るとき、あるいは、世間的幸福への飽くなき追求のゆえに、希望と恐怖の間に痛ましくもたゆたう。この動揺性が迷信と宗教を生み出す。真の宗教を知っていないところから、異変が起こると、神々または最高神の怒りの表示と思い込み、犠牲と誓願によって償わなければならないと考える。スピノザは、これを評して、人間はいろいろなことを虚構し、自然を様々の珍奇な方法で解釈し、あたかも全自然が彼等と共に狂いでもしたかのようだ、と述べている。(2) 言うまでもなく、この評言のうちに、スピノザ独自の思想が脈打っていることを感得することが出来る。当然と言えば当然であるが、『神学・政治論』は、スピノザ独自の思想、同時にそれは、またスピノザ自身の宗教によるものでもあるが、それによって旧約聖書の解明を行ったものである。もとより著書の表題の示すように、また単に表題というのみでなく、表題を超えて、つまり単なる学術的意味をしか持たないところの「論」を超えて、広く世間に社会に、さらに時代を超えて、訴えようとするところに、『神学・政治論』のもつ意義がある。それは、表題のうちに端的に示されている。「神学」と「政治」、宗教と国家。『神学・政治論』は文字通り単なる宗教に関する研究書ではない。さらに、政治に関する研究書、国家のあり方など国家を扱う専門書へと発展すべき内的必然性を孕んでいる書である。未完成のまま執筆さ中に世を去らなければならなかったが、『国家論』は、政治について、スピノザが並々ならぬ関心を生涯持ち続けていた証《あかし》である。「孤独な隠遁者」の虚像は、ここにおいて打ち砕かれる。

『神学・政治論』の歴史的意義として、なお特筆すべき点を記しておかねばならない。それは、神学と哲学の分離である。神学は宗教に仕える。しかし、哲学、それは徹底的に理性的であろうとする。哲学はいかなる宗教にも仕えない。哲学は哲学独自の立場に立つ。この哲学独自の立場から、宗教の研究がなされた書がほかならぬ『神学・政治論』である。宗教哲学はスピノザに始まる、と言われる(3)理由もここにある。

『神学・政治論』を貫くスピノザの主張の根底を流れるものが何であるのか、いささか内容に触れつつ明らかにしていくこととする。

再び「緒言」に戻って、スピノザの記すところを辿ってみる。

誤れる民衆の宗教観に基づく教会（聖職者・説教者・信徒）の堕落と弊風の結果、「自然的光明は軽蔑され」「多くの人々から不敬虔の源として呪はれ」また「人間の虚構が神の教へと思はれ軽信が信仰と考へられ」「教会や國家に於て哲学者たちの論争が激しい感情を以て交はされ」「強烈な憎悪と軋轢が生れそれが容易に騒擾に變る」ことなど厳しく既成の宗教を批判した後、スピノザは、思案の末「余は固くから決心した」(sedulo statui)と決意表明をし、「聖書を捉はれざる自由な精神を以て新しく吟味しよう」(Sovipturam de noro integro et libero anima examinare)とする。(4) これこそ、『神学・政治論』の根底を一貫して流れるスピノザの思想の核心である。研究に臨む基本姿勢も、研究方法もここから生まれてくる。「聖書を捉はれざる自由な精神を以て新しく吟味」するということは、聖書そのものから極めて明瞭に知り得る以外のことは、聖書について主張せず、また容認しないという方針を確固として明確に打ち立てたことを意味する。「緒言」は、スピノザにとって、聖書研究の『方法叙説』に相当する。あるいは、『ノーヴム・オルガーヌム』を想起せしむるものがある。何ものにも捉われない自由な精神をもって、聖書を新しく吟味しようとする動機は、詳細綿密な旧約聖書の研究に向かわせるとともに、聖書全体の目的を極めて簡潔にして、大胆に要約された主張を生むこととなる。執筆動機を明らかにした後、「緒言」は、二十章から成る本文の概要の説明に移り、第二十章、即ち、巻末と同一の文章をもって結んでいる。その文章は、読者あるいは世人に与えるであろう衝撃を配慮して記されたものである。しかし、スピノザの配慮はむなしく憂慮は適中した。「祖国の法律・敬虔並びに善良なる風俗と完全に合致するやうにひたすら努力して来たのである」と著書『神学・政治論』を世に出すに臨んで、懇願にも似た訴えを記したにも拘わらず、出版後4年の1674年に禁書として処分された。スピノザの生涯を通じて自ら進んで世に問おうとした唯一の書といわれ、また生前から死後数十年の毀誉褒貶は一にかかって本書に起因するといわれる。『神学・政治論』は確かに革命の書ともいわれる内容を備え、その歴史的意義は固より、今日もなお新鮮さを失わない。――聖書の批判と言論の自由――と、邦訳(5)に際して、訳者が副題を付した意義も首肯される。

宗教に対し全く自由に、何ものにも捉われず、これを批判し、挙句の果て、発禁処分を受ける。このような書物から連想されるのは宗教の否定であろう。無神論者呼ばわりされる一つの理由である。確かにスピノザの主張は大胆率直である。それだけに、聖書の研究を通して、あくまでも聖書を離れず、聖書のみによって、宗教が問われるが、その結果は解明な主張となって現れる。このような研究方法・研究態度の中に、すでにスピノザの宗教観の特色と共にその限界を見出すことができる。しかし、今はスピノザ自身に従って信仰における宗教の本質ともいうべきものを尋ねなければならない。

スピノザは、信仰を次のように定義する。

「それを知らなければ、神に對する服従が失はれ、又この服従が存するところにはそれが必ず存するといったさうした事柄を神について考へることに外ならない」(6)と。

信仰とは神に対する服従である。全聖書の目的は「服従」の一語のもとに要約される。即ち信仰による宗教の核心は服従にある。聖書の教えるところは単純である。正義を愛し、隣人を愛することを教えるが、それには服従という行為が伴わねばならない。真に服従するものにのみ神よりの救いはもたらされる。信仰の本質は神への服従にある。「神を何ものにもまして愛し、隣人を自己自身の如く愛する」(7)。スピノザはこの教えとこの行為を全宗教の基礎とまで強調している。信仰による宗教において、神を愛するとは神に服従することにほかならない。聖書は古来、知恵ある者に向かって説かれたのではない。神を概念的に説明することを目的とするものではなかった。神の定義は聖書の何処にも見当らない。神についての理論的認識は民衆の好むところではない。宗教の教えは本来単純で民衆に受け入れ易いものでなければならなかったに相違ない。ここに、預言者あるいは啓示について、さらに、それを伝える預言者についての考察が可能となる。もっとも、民衆は自然的光明即ちすべての人が持っている知性による認識・自然的認識を尊重せず、知性の限界を超える事柄に驚嘆し不思議の念を抱き、これを神に帰する。預言者は活溌な表象力を持っていたとスピノザが説く理由もこの点にある。(8) 預言者は神の啓示を伝えるに当たって表象力の助けを借りた。表象されたものが知性の限界を超えて何の不思議があろうか。預言者たちは誰にも容易に把握できることしか説かなかったのであり、民衆が知性を軽蔑すると言ってもその理由は単純である。民衆つまり大多数の人間は知性的であるより、より強く感情に支配されるからである。

奇蹟についても同じように考察することができる。奇蹟は神の業とも神の摂理とも呼ばれるが、人間の知性の把握できないこと、即ち自然の秩序の下には起こり得ない事柄の生起について言われている。しかし奇蹟は自然の中に起こっている事柄である限り自然の秩序そのものである。自然の秩序に関する認識の程度の低さか、その原因についての知識を欠いている事柄について言われているに過ぎない。または、自己の経験を物語る際にありがちな、ある種の誇張のなせる業である。表象力の働きによって物語り、聞く者の表象力に強く訴えようとする。聖書の中に実際の出来事として語られていることはすべて必然的に自然の法則に従って生起したのであり、それに反することが疑いようもなく証明できるというような事が聖書の中に見出される、とでも言おうものなら、それは涜神の徒によって付加されたものであると、(9)スピノザは断言している。

敬虔は宗教において極めて重要視されているが、これについてスピノザは信仰との関連において次のように述べている。

「各人の信仰は真或は偽に關聯してではなく單に服從或は不從順に關聯してのみ敬虔なもの或は不敬虔なものと見做されねばならぬ[10]」と、さらに「信仰は眞理よりも敬虔を要求し、又信仰は服從の度合に應じてのみ敬虔且つ救霊的なのであり、從って何びとも服從の度合に應じてのみ信仰者なのである[11]」と。ここにおいて、『神学・政治論』の主要目的が明瞭に提示されているのを読み取ることもできる。信仰は真偽に関連しないという指摘がそれである。「哲学の目的はひとへにたゞ真理のみであり、これに反して信仰の目的は、……服從と敬虔以外の何物でもない。[12]」したがって、信仰ないし神学と哲学との間に何らの相互関係あるいは何らの親近関係がないのは、両部門の目的と基礎からして誰しも疑い得ぬものと言われる。スピノザは、これに関連してさらに、本書において訴えようとする点を果敢に披歴する。「哲学は共通概念を基礎とし専ら自然からのみ導き出されねばならぬが、之と反對に信仰は、物語と言語を基礎とし、専ら聖書と啓示からのみ導き出されねばならぬ[13]」とした上で、「信仰は各人に哲学する充分の自由を許容し、かくて人はすべてのことについてその欲するまゝに考へ得るのであって、さうすることは少しも罪を犯すことにはならぬのである。そして信仰は人を反抗、憎しみ、争ひ、怒り等へ驅るやうな意見を教へる者をのみ異端者、離教者として難じ、反対に理性の力と自己の能力の及ぶ限り正義と愛を薦める者のみを信仰者と見做すのである。[14]」スピノザの日頃の感慨の率直な吐露とも受けとれるが、また、端的な宗教感の告白でもある。告白というより、スピノザの持論であり、主張であり、訴えである。

信仰による宗教の本質が「服従」にあることは再三述べた。なお、普遍的信仰の諸教義として、スピノザは七項目[15]を挙げているので、要点のみを記すこととする。

一、神が存在すること。
二、神は唯一であること。
三、神は遍在的であること。
四、神は万物に対して最高の権利と最高の権力を有すること。
五、神への崇敬並びに神への服従は専ら正義と愛即ち隣人愛の中にのみある。
六、神に服従する者は救われ、欲望の支配下に生活する者は棄てられる。
七、神は痛恨者に対して罪を赦す。

これらが普遍的信仰の諸教義、あるいは聖書全体の精神となっている基礎的諸教理である。これを一点に帰着すると「愛と正義を愛する最高實有が存在してゐて、すべての人は、救はれる為には之に服従せねばならず、又之を正義の實践と隣人愛とに依って尊崇せねばならぬ。[16]」ということになる。七項目については折に触れて論ずることもあろうかと思うが、特に六番目の項目について、掲出の叙述の後、「若しこのことを固く信じなかったら、人間は欲望によりも神に多く従う何らの理由がなくなるであらう[17]」と、スピノザが指摘している点に注目しておくに止めたい。

なお、『神学・政治論』において、国家と宗教との関係の中、注目される箇所として、神に服従することの決定は最高権力に帰属すると説かれているのを挙げることが出来る。「祖国に対する敬虔は人間の果し得る最高の敬虔[18]」であり、その理由とするところは、国家が亡くなればいかなる善も存立し得ず一切は危険に瀕し、人々の最も恐れる激情と無法が横行し出すから、というのである。信仰による宗教の一面（外的条件）を示しているといえよう。国家に触れたついでに、スピノザの国家観が端的に『神学・政治論』において示されているので記しておく。「敢へて言ふ。国家の目的は人間を理性的存在者から動物或は自動機械にすることではなく、むしろ反對に、人間の精神と身體が確實にその機能を果し、彼ら自身が自由に理性を使用し、そして彼らが憎しみや怒りや詭計を以て争ふことなく、又相互に悪意を抱き合ふことのないやうにすることである。故に國家の目的は畢竟自由に存するのである。[19]」哲学は固より、宗教において、また国家において、スピノザの主張は一貫して変わることがない。「自由」まさにこれこそ、スピノザの神髄である。

『神学・政治論』において論じられた「信仰による宗教」は、スピノザ自身の宗教を、いわば鏡として、これに反映させたものと見ることも出来る。宗教と哲学の分離を主張するスピノザ自身の宗教について概観することにしよう。

（1）スピノザ『国家論』畠中尚志訳、岩波文庫、１９８８年。１５８ページ。（Ad Religionem quae spectant, satis prolixe, in ostendimus in Tract, Theologico-Politico, T. P. Cap. 8, §46: III-p. 345）

（2）スピノザ『神学・政治論』上巻、畠中尚志訳、岩波文庫、１９６９年、40ページ。（Si quid porro insolitum magna cum admiratione vident, id prodigium esse credunt, quod Deorum aut summi Numinis iram indicat, quodque adeo hostiis, & votis non piare, nefas habent homines superstitioni obnoxii, & religioni adversi; eumque ad modum inilnita fingunt, & quasi tota natura cum ipsis insaniret, eandem miris modis interpretantur. T. T. P. Prae., III-p.5）人々が迷信に従い、宗教に背くとする人間観（驚愕するような異変に際会して）の中にスピノザの宗教観が端的に表されている。

（3）「余は哲学を信仰から分離しようとする。之こそ本書全髄の主要目的であった。」『神学・政治論』前出下巻、１３６ページ。（. . . constitui, simulque fidem a philosophia separare, qvod totvis operis praccipnum intentum fuit. ibid, p. 174）
また、「余は聖書に對して絶對に自由な立場を残していること、又聖書は哲學と共通する何ものをも持たずむしろ聖書と哲學とはそれぞれ自己特有の地盤の上に立っていることを確信するに至った。」──同、上巻51ページ。（mihi persuasi, Scripturam rationem absolute liberam relinquere & nihil cum Philosophia commune habers, sed tom hone, quam illam proprio suo talo niti, ibid,

p.10)
藤田富雄『宗教哲学』大明堂、１９７３年、18ページ。

（４）『神学・政治論』前出、上巻50ページ。(ibid, p.9)

（５）同、４ページ。

（６）同下巻、１３２〜１３３ページ。(Lut itaque rem totam ordine ostendam, a fidei defintione incipiam, qual ex hoc dato fundamento sic definiri debet, nempe quod nihil aliud sit, quam de Deo talia sentire, quibus ignoratis tollitur erga Deum obedientia, & hic obedientis posita, necessaris ponuntur. ibid, p. 175)

（７）同、１３０〜１３５ページ。(ibid, p. 170–172)

（８）同上巻、88ページ。(ibid, p.29)

（９）同、２２０ページ。(plane credendum id a sacrilegis hominibus Sacris. Litoris adjectum fuisse. ibid, p.91)

（10）同下巻、１３６ページ。(ibid, p. 176)

（11）同、１４１ページ。「われわれが明らかにしたのは(fidem non tam veritatem, quam pietatem exigere. . .)ということである」(ibid., p. 179)

（12）同、１４２ページ。(ibid., p. 179)

（13）同、１４２〜１４３ページ。(ibid.)

（14）同、１４３ページ。(ibid., p. 179–180)

（15）同、１３８〜１３９ページ。(ibid.,p. 177–178)

（16）同、１３７ページ。(ibid., p. 177)

（17）同、１３９ページ。(ibid., p. 178)

(18) 同、256ページ。(Certum est, quod pietas erga patriam summa sit, ebid., p. 232) たとえ、隣人が死刑に処されようとも、隣人に対する敬虔を棄却して、国家に対する敬虔を優先させようとする説明が次いでなされている。スピノザの隣人愛、国家観を示している。

(19) 同、275ページ。(Fimis ergo Reipublies revera libertas est. ibid., p. 241)

3 知性による宗教

最初に、『神学・政治論』について、知性による宗教の特色を述べ、次いでスピノザの思想全体を考慮して、略述することとする。

スピノザは「我々の最高善乃至我々の福祉」は、「神への認識と愛とである[1]」と説く。端的に言って、これがスピノザの宗教といってよかろうと思う。スピノザの法(lex)概念に触れる余裕はないが、生活規則としての法は人間の法(lex humana)と神の法(lex devina)に分かたれ、前者は人間が自分および他の人々に対して規定するための生活並びに国家の安全のための生活規則である。後者の神の法というのは最高善のみが対象である生活規則のことで、神の真の認識と愛とのみを対象としている生活規則のことである。[2] したがって、神の法の認識と実践が、スピノザ自身の宗教ということになり、『神学・政治論』における「神の法」、それは第四章に位置しているのであるが、それがスピノザ自身の宗教論として説かれていることとなる。知性による宗教とは、ほかならぬこれを指す。神の法は知性のみによって把握され実現することができる。神の法即ち最高善の本性について、スピノザは次のように説明している。

「知性は我々のよりよき部分であるから、我々は眞に我々の利益を求めようと欲すれば何にもまして知性の可及的完成に努力せねばならぬのである。[3]」断るまでもなく『知性改善論』の趣旨に連るスピノザの一貫した主張である。さらに続けてスピノザは説く。

「更に我々の一切の認識並びに確実性（それは実際に於てあらゆる疑惑を排除する）蓋し神なしには何物も存在し得ず又考へられ得ないからであり、又我々が一切について疑い得るのは神に關する明瞭且つ判然たる観念を持たない限りにおいてなのだからである。この結論として、我々の最高善並びに完全性は専ら神への認識にのみ依存する云々といふことが出てくるのである。[4]」自らの宗教的信念（確信）、同時にそれは自らの哲学でもあるが、その上に立っての懐疑論の排撃として注目せしめるものがある（hinc sequitur, summum nostrum bonum & perfectionem a sola Dei cognitione pendere & c.）[5]。

神への認識はまた神への愛でもある。『神学・政治論』において展開されている神への認識と愛についていささか触れておく。

何物も神なしには存在し得ず考えられ得ない(6)。いわばこの原理から、神への認識と愛の関係もまた必然的に帰結してくる。スピノザの強調するのは完全性である。自然の中に存在する一切の物は自己の本質と自己の完全性とに応じて神の概念を自らのうちに包含し且つ表現することが確実であると言われる。したがって、この自己のうちなる神の概念をいかにして最完全ならしめるかが、スピノザの宗教にとって最大の課題となる。

神なしには何物も存在し得ず考えられ得ない、つまり、一切の自然物は神を原因としている。結果としての自然物の認識は原因としての神への認識である。あらゆる事物の原因が神の本質である。自然物を認識することが多ければ多い程ますます完全に神の本質を認識することになる。ここにおいてスピノザは「我々の全認識、換言すれば我々の最高善は、単に神への認識に依存するといふばかりでなく、徹頭徹尾神への認識の中に存するのである(7)。」(tota nostra cognitis, hec est, summum nostrum bonum non tantum a Dei cognitione dependet, sed in eadem omnino consistet.) と強調する。この認識と同じように人間はまた愛によっても一層完全になることができる。認識と愛との関係、少なくも愛が認識とどのような関わりから生じてくるのか、愛の起源とでもいうべき問題についてスピノザは何ら触れていない。スピノザの説くところは次のようなものである。それは、人間は愛するものの本性と完全性に応じて一層完全になり、反対に愛するものの不完全性に応じて一層不完全になるということで[8]、何を愛するかによって、その人は完全にもなれば不完全にもなる。そこで、最完全なる実有としての神への知的認識を愛し喜ぶ者は必然的に最完全な人間であり、最高福祉に最も多くあずかることとなる。これは、本節の最初に記したことでもある。神への認識と愛が人間の最高の幸福であり福祉であり、人間のすべての行動の終局的目的ないし目標である。今少し神への愛について述べるならば、というのは、神への認識というのは、全自然物について、より多く認識しようというのであるから、そこに特に問題はなさそうである。あるとすれば怠慢ぐらいなものであるが、愛ということになると、認識とは異なった側面が現れてくる。神を愛そうと努める者、ただし、とスピノザは但し書きを入れて断るのが、この種の説明をする際の常であるが、神を愛そうと努める者は刑罰への恐れからではなく、また他のもの――快楽・名誉など――への愛からでもなく、ただ神を認識している故にのみ、あるいは神への認識と愛とが最高の善である故にのみ神を愛することでなければならないと説いている[9]。刑罰への恐れから愛する、理解し難いことであるが、スピノザはこの種の表現を用いる。恐れから愛が生ずるのか。ここにスピノザの独自の宗教観を垣間見ることができる。言うまでもなく『神学・政治論』それは、スピノザ自らが、すでに宗教に関しては充分詳細に示した、と満足の念をもって語っているものであるが、その「緒言」冒頭において、迷信いわば宗教の起源とでもいうべきことについて論述していたのを想起すれば、恐れが神への愛へと変容する論理も納得されるであろう。神への愛は名誉や快楽への愛ではない。誰しもが名誉や快楽への愛求により神への愛を考えることはない、もしあるとすれば、神の神聖さを汚すことになると思うであろう。しかし、神に対して何を祈願するか、思い半ばに過ぎるものがある。神を愛するとは、スピノザによれば、神の法に従うということである。何らかの刑罰や禍への恐れに基づくものではない。またわれわれを喜ばせる他のものへの愛に基づくものでもない。結局目的である最高善、最高福祉の実現へと向かうものである。神への愛は神への認識への愛である。神への認識が貧弱であるとき、神への愛もまた貧しいものとなる。肉的人間[10](Homo carnalis)は、神が人間にとって最高の善であるという真理を理解することができない。この善は何ら手応《てごた》えがなく、快楽の根源である官能を刺激するものを少しもそこに見出すことができないからである。スピノザは、実にこの善は「専ら観想を純なる思惟の中にのみ[11]」(in sola speculatione, & pura mente)あるとしている。

神の法につき二、三重要な点を付記し『神学・政治論』におけるスピノザ自身の宗教についての考察を終えようと思う。

神の法は、その本性が自然的であるから、すべての人間に共通しており、普遍的である。同じことであるが、普遍的な人間の本性から導き出されたものである。また、スピノザの説く神の法は、史的物語（historiae）を信ずることを要しない[12]。史的物語というのは宗教書に記されている物語のことである。さらに、自然的な神の法は、何らの祭式を要求しない[13]。このように自然的な神の法の特色を列挙してみると、自らスピノザ自身の宗教の性格が見えてくるように思われる。

スピノザは自己の宗教観の上に立って、さらに問題を提起し考察を深めていく。問題点を簡潔に記すと、一、神は君侯として考え得るか、二、聖書との関わり、三、祭式制定の目的、四、聖書の物語の意味、の四点[14]についての考察である。一、は神の法の立法者としての神は、人間に法を規定する君侯として、自然的光明によって考えることができるか、という問題である。この問題は、スピノザが好んで挙げるアダムの例[15]が理解し易い。神がアダムに告げたのは、善悪の木の実を食うと必然的に禍が生ずるという啓示であった。この啓示を永遠にして必然的な真理として把握せず、アダムは単に法として、即ち君侯の命令に基づいて規定されたものとして受け取っていた。したがってアダムにとって神の法の立法者である神は君侯ということになる。真理を認識する者にとってアダムの犯した過ちを行うことはない。神の法の必然性に従うのが真に自由ということになる。スピノザは、同じ例として、十誡（Decalogus）を挙げている。ヘブライ人は認識能力が不足していたため十誡を法とみなしていた。もし神が感覚器官を媒介とせず直接的に彼らと語ったのであったら、彼らは律法としてではなく永遠の真理として把握したであろう、とも述懐している。この述懐の中にも、スピノザの宗教観がにじみ出ている。おそらく神が直接語ってもヘブライ人はそれを理解することが出来なかったであろう。認識能力の点より見て。また、感覚器官を介して神が人間に告げる例は後にも見るように表象力によって物事を解する民衆に対して最も効果的であったということとなる。二、の聖書と自然的光明、神の法については、アダムの例は既に述べたが、さらにスピノザは、ソロモンとパウロの例を聖書から引用して、聖書はそれらを推賞していると結論している。ソロモンの箴言十六章二十二節の「愚者の罰は愚鈍是なり」(16)(supplicium stultorum est stultitia. ヘブライ語のラテン語訳)、またパウロは悪をなす者は弁解の余地がないと言っている。つまり、各人はその播いた通りに刈り、悪からはそれが賢明に是正されない限り必然的に悪が生じ、善からは、スピノザの言う確固たる精神を伴う限り善が生ずる。ここに確固たる精神というのは、これまた、スピノザの宗教観を理解する上で不可欠の語である。確固たる精神のないところには、神への認識も神への愛もあり得ない。スピノザ自身の宗教は強い倫理性を根底にもっている。神の法と自然的光明を推賞する限り聖書もその点において例外ではない。三、の祭式については、ヘブライ人特有のものであるところから、神の法とは何ら関係がないとスピノザは断言している。神の法は普遍的な法であり、もともと正しい生活様式を主体とするもので、いろいろな祭式を意味するものではないと、イザヤを例として挙げ、詩篇をその証拠として論じている。今はこれに立ち入らず祭式に関連して、スピノザが珍しく日本国を例証[17]に挙げているのを指摘しておくに止め、四、の聖書の物語の意味について触れておく。聖書の物語の意味というのは、聖書の物語を知ることおよび信ずることにどんな意味があるか、ということで、言うまでもなく、自然的光明、神の法の立場から見てのことである。結論のみを記しておく。史的物語は神の法とは何の関わりもない。信憑《しんぴょう》性も問題ではあるが、民衆に服従と敬神の効果はあるものの、彼らは事件の珍しさ、思いがけない顚末に興味を引かれ、教えそのものに関心を示さず、また、物語を理解する能力を持っておらず、スピノザに言わせると、精神の弱さを補う教会の牧師や役者《えきしゃ》たち[18](Ecclesia ministries) を必要とする。したがって、聖書の物語を全然知らなくとも、有益な見解と正しい生活様式を持つ者は幸福な人間であり、実際にはキリストの精神を自己の中に有しているといわれる。この点において、スピノザは宗教を論ずる上で度々引用するマイモニデスと見解の異なることを言明する。またマイモニデスに加えてR・ヨセフという人の説、それはアリストテレスに関する倫理学であるが、アリストテレスは最上の倫理学を書きそれを実行したが、預言的に啓示された神の教えでなく単に理性の命令に基づいて服膺したのであるから、救霊に対して何の寄与するところもなかった、という説を紹介し、

「しかしこれらすべては純然たる妄想である」[19]（Verum haec omnia mera esse figmenta）と、激しく非難している。

スピノザ自身の宗教、それを知性による宗教として、『神学・政治論』の特に「神の法」において要点を取り上げて検討してきたが、知性即ち自然的光明による宗教は、人間に共通のものを基盤にしているところより、万人向けであると考えられる。果たしてそのように断言することが許されるのか。この点については、次に予定しているスピノザの思想からスピノザの宗教を概観する際の主要テーマとなるので論述を避け、ただ『神学・政治論』における宗教観の立場からスピノザが述懐している箇所に触れておくに止めたい。

神学と哲学の分離を主張するスピノザが、聖書あるいは啓示に対して時には厳しく批判しているが、それらが民衆に対して果たしている役割については、高く評価している。「聖書は生きとし生ける者にとって大きな慰めになる」というのは、服従はすべての人間に出来ることだが、「理性の導きのみによって有徳の状態をかち得る人間は全人類から言って極めて少数しかない」、だから聖書の証言を持たなかったら、ほとんどすべての人間は救いを疑わなければならなかったろう、というのがスピノザの述懐である。ここにおいてもなお考慮すべき点は少なからず見出される。『神学・政治論』出版の風当たりへの配慮などが先ず考えられるが、それらを考慮に入れてもなおスピノザ自身の、宗教によっては極めて僅かの人しか目標に到達できないという述懐[20]がむしろ強く印象づけられる。

（1）『神学・政治論』畠中訳、上巻、154ページ。（T. T. P. III. p60）
（2）同、上巻、152ページ。（ibid., p.59）
（3）同、（ibid.）
（4）同、上巻、152〜153ページ。（ibid., 59–60）
（5）T. T. P. III., p. 46.
（6）スピノザ『エチカ』（上）畠中尚志訳、岩波文庫、1998年、53ページ。定理15「すべて在るものは神のうちに在る。そして神なしに何物も在りえずまた考えられえない」第一部神について）（E. I, Prop. 15: II., p.56）
（7）『神学・政治論』上巻、前出、153ページ。（T. T. P. III. , p.46）
（8）同、（ibid.）
（9）同、上巻、154〜155ページ。（ibid., p.60）
（10）同、上巻、155ページ。（ibid., p.61）
（11）同、（ibid）
（12）同、上巻、156ページ。（ibid.）
（13）同、上巻、157〜158ページ、172〜173ページ。（ibid., p.69）
（14）同、上巻、158ページ。（ibid., pp. 61–62）
（15）同、上巻、160ページ。（ibid., p.63）

(16) 同、上巻、171ページ。(ibid., p.68)
(17) 同、上巻、188ページ。(ibid., p.76)
(18) 同、上巻、193ページ。(ibid., p.79)
(19) 同、上巻、196ページ。(ibid., p.80)
(20) 同、下巻、162ページ。(ibid., p. 188)

4 知性による宗教 ―続き―

スピノザは、宗教に関しては『神学・政治論』の中で充分詳細に示した、と記している。したがって、スピノザの著書に基づくスピノザの宗教論の研究書として『神学・政治論』は、第一に推されなければならない書物ということになる。その意味において、二節三節において到底満足とはいえないが、一応スピノザの宗教の特質とでもいうべきものを検討してきた。宗教というより適切には神学というべきであろうが、ともかく、宗教と哲学との分離を主張するスピノザ自身の宗教がほかならぬスピノザの哲学であることは『神学・政治論』の考察を通しても明々白々たるものがあった。スピノザの生涯はまぎれもなく純なる哲学者の生涯であった。哲学史を扱う者の異口同音に語るところのものでもある[1]。スピノザ自身の宗教に焦点を当てようとすれば、たとえ自ら宗教に関して充分詳細に示したと自らの宗教論に満足の意を表しているとは言え、『神学・政治論』のみをもって、スピノザの宗教観のすべてが尽くされていると断定することは早計に過ぎるといわねばなるまい。特に、主著『エチカ』の終結部である第五部こそ、スピノザ自身の宗教の核心を扱ったものとして看過することを許さぬものがある。これまでの叙述がスピノザの宗教からスピノザの哲学への方向を辿ってきたとするなら、スピノザの哲学からスピノザの宗教への方向を探りながら、スピノザの宗教としての知性による宗教を、極めて概観的に素描してみようと思う。

スピノザの思想あるいは哲学について見方はいろいろあるであろう。ここで特に取り上げてみたいのは、二つの対立する主題によって、スピノザの思想が展開されている、という見方である。二つの対立する主題とは何か。表象力と知性である。若き日の一念発起に始まる『知性改善論』より、晩年に完成された主著『エチカ』に至る論争は、表象力と知性という対立する旋律によって展開されている。『神学・政治論』も、もちろんその例外ではない。『エチカ』を純然たる幾何学の形式をもって論述し尽くすことが、学的体系としてもっとも整然とした理想の形態をとるものと思われるが、公理・定義・定理・証明・系に加えて、備考それも時には長文の備考を附し、さらに、附録において論及せねばならなかった大きな理由は、人間の表象力がどれ程強大なものであり、また表象力と知性を峻別することがいかに困難なものであるのか、を示しているといえよう。目的原因は人間の想像物であると、[2]スピノザは指摘するが、想像物は表象力の所産である。人間は自己を自由であると思っているが、それは生まれつき物の原因を知らず自己の利益を追求しようとする衝動を有しており、衝動を有していることを単に意識しているに過ぎない。スピノザの言葉として有名な、投げられた石が自らを自由に飛んでいると思うに等しいものであり、原因の認識を欠いた無知の表白に過ぎない。この一例に端的に示されているように、スピノザの哲学は徹頭徹尾因果の法則によって貫かれている。スピノザの哲学の対象は自然である。第一原因から始まる因果の無限の連結より成る秩序ある自然である。神とは第一原因即ち自己原因であり、[3]自然そのものである（神即自然）。これをまた、能産的自然（natura naturans）および所産的自然（natura naturata）ともいう。[4]前者は神を指し、後者は万有・万物を指す。神はまた実有・絶対者とも記されるが、神即自然の示すように万物に内在している。スピノザ自身特に呼称している概念ではないが、汎神論とはこれを言うのであり、汎神論といえばスピノザ、スピノザといえば汎神論が通説となっている。[5]神は実有実体であるが、属性およびその様態として、その限りにおいて自らを表現する。神の属性は無限である。人間が認識できるのは、延長と思惟の属性のみである。延長と思惟は属性であって実体ではない（神のみ唯一の実有）。延長と思惟はさらに様態に変状する（有限様態と無限様態）。延長の様態は物質・物体であり、思惟の様態は精神である。観念は精神の概念である。愛・欲望などは思惟の様態とされる。様態は個物であり、個物が集まってさらに個物を形成する。延長と思惟は全く異なるものであるから、それらの様態も相互に関わることがない（心身平行論）。さらに、決定論と呼ばれ機械論と呼ばれているように、また、飛ぶ石の比喩が如実に示しているように、因果の連結による全自然（万有に所産的自然）の秩序は、第一原因であり内在的原因である神の必然の法則によって生起し継続し消滅する。何物も神なしに在ることも考えることもできない。

自己の有に固執しようとする努力（conatus）が精神にのみ関係するとき、意志と呼ばれる。意志と知性は同一である。この説は再三強調した通りスピノザの思想の一つの核心をなす。

感情は身体の変状およびその観念であり、表象力と深く関わっている。受動としての感情あるいは表象から解放されて、人間はいかにして自由になることができるのか、スピノザの生涯の課題である。哲学において、より徹底して、宗教において、その可能性が明示されている。『エチカ』第五部「人間の自由について」は、スピノザ哲学の到達点[6]を示すものである。スピノザ自身の宗教的境地を示すものでもある。スピノザ自身の宗教はその境地において、その到達点の上に立って、そこから説き起こされねばならない。

知性による宗教は、いわばその伝道の手段をもまた知性によらねばならない。『知性改善論』の説かれる第一の理由もそこにある。スピノザの宗教は服従を説くものではなく、認識によって最高善に到達せしめようとする。認識は多様である。知ることを欲するのは人間の本性に属するといわれ、また、理性は人類共通の普遍性を有するとはいえ、単に認識の一語をもって、究極目標としての最高善に到達せしめることが可能なのではない。要するに、認識の多様性に応じて人間もまた多様であるということになる。すべての人が最高善に達し、最高の福祉を享有できるとは限らない。

スピノザは、認識についてこれを三様式に分けている。(7) 第一種の認識は漠然とした経験によるものであり、感覚を通して得られる表象であり、誤謬の唯一の原因となる。また、第一種の認識は種々の記号によっても得られるが混乱した認識である。第二種の認識は理性であり、共通概念あるいは妥当な観念であり、推論はこれによる。第三種の認識は知的直観と呼ばれ、最高の認識様式であり、神の認識あるいは神に対する認識はこれによる。(8) この認識はまた神に対する知的愛とも呼ばれ、永遠の相の下に見る認識でもある。(9) 表象力と知性の対立は、第一種の認識と第二種、第三種の認識の対立でもある。いかにして第一種の認識の状態を脱して第二種・第三種の認識を生活法として身につけることができるか、スピノザの宗教はこのための修練であるといっても過言ではない。

ここにおいて、スピノザの宗教の具体的な全容が見えてくるように思われる。哲学が即ち宗教であるスピノザの宗教は主著『エチカ』によって、その全貌が示されていることは断るまでもなく、その特色については既に記したが、ここでは『神学・政治論』において列挙されていた普遍的信仰の諸教義と対比することによって述べてみたい。

第一、神は存在すること。第二、神は唯一であること。第三、神は遍在的であること。第四、神は万物に対して最高の権利と最高の権力を有すること。これらについては、信仰による宗教と知性による、即ち認識によるスピノザの宗教との間に相違があるようには見受けられない（子細に検討すれば決定的ともいうべき大きな違いがあるが、今はこれに触れない）。第五項目以下は服従が主題となっている。第五は、神への崇敬並びに神への服従は専ら正義と愛即ち隣人愛の中にのみある、というのであるが、この服従を認識と置き換えることによって、この項目はそのままスピノザ自身の宗教にも適用される。また、第六の、神に服従する者は救われ、欲望の支配下に生活する者は棄てられる、というのもスピノザの場合は、神が棄てるというより、無知に起因する自業自得ということで、神に服従する者を、神を認識する者に置き換えることによって、ほぼこのまま適用が可能となる。第七、神は痛恨者に対して罪を赦す。この項目はスピノザ独自の思想と抵触する。ここに示されている神はスピノザ自身の宗教における神ではない。神と罪とは何の関わりもない。第七項目は、信仰による宗教と知性による宗教とが真っ向から対立する印象を与える。両者の性格を考察しようとする者にとって見逃すことができない資料となる。それはさておき、普遍的信仰の諸教義と多くの共通性をもっている点は、信仰という語を認識という語に置き換えて一層明白となったが、なお、両者が共通して主張する、神への愛においてより一層親近性を感じせしめられる。もっとも、神への愛と同じ語を用いてはいるものの、両者の性格を表す、服従と認識を前提としての上であるから同日の比をもって論ずるわけにはいかない。とは言うものの、神への服従、神への認識を神への愛と表現することによって、諸教義中の六項目は信仰であると知性であるとを問わず、それらを包括する最広義の普遍的宗教の諸教義ということとなる。これを端的に表現したのが、『神学・政治論』を取り上げた際に、神の法において論じた神への知的愛であり、スピノザ自身の宗教ということになる。それが主著『エチカ』において説かれている神に対する知的愛であることは指摘するまでもない。

スピノザの神は哲学の神であり、知性による宗教であるといっても、それが宗教である以上、実践を欠くわけにいかない。神に対する愛といっても抽象的である。これを現実化したのが隣人愛である。教義の第五項目を共通項目として挙げた際に考慮されていた。しかし、スピノザにおける隣人愛はいかなるものとして把握すべきか、問題なしとしない。それはスピノザの人間観から発している。二つの主旋律の展開が、普遍的であるべき隣人愛の具体的実践に暗い音調を奏でる。この音調は厳しい旋律となって鳴り渡る。

知性による宗教は、賢者の宗教である。(10) 賢者の隣人愛とはいかなるものか、後の論考に委《ゆだ》ねることとし、賢者即ちスピノザのいう自由の人がいかなる態度をもって現実の生活に処するか、その心構えについて記しておく。賢者といえども運命の両面を避けるわけにいかない。不条理な運命に遭遇したとき、賢者はどのように対処するか。もちろん、神に助力を乞い、祈願することはしない。それは、迷信家や信仰者のすることである。不条理な運命は人間の認識を超えて起こった事態であり、神においては全く自然必然に過ぎない。神への認識と愛に徹底している賢者の選ぶ道は唯一つ、運命に耐えるのみ。歯噛みして耐えるのではなく、まさに甘受するのであり、より適切には、運命を愛することである。ほかならぬこれが神への認識であり、神に対する愛である。スピノザの宗教は強い倫理性に裏付けられた宗教である。一見不条理に見えようとも、全自然の秩序の上からは自然必然に生起している、という不動の確信が神への認識なのである。どのような境遇に陥ってもこの確信のぐらつかぬところに、賢者の賢者たる本領があり、知性による宗教の核心がある。スピノザの宗教は強者の宗教である。強者の宗教には逞しさという筋金が要る。スピノザは「逞しさ」[11]を強調して止まない。逞しさは日頃から鍛えられていなくてはならない。スピノザの思想は、宗教・哲学・倫理の渾然一体となったものと言うことが出来るであろう。賢者の宗教は民衆のよくなし得るところのものではない。徳はそれ自身報酬であると『エチカ』最終の第五部定理42に謳って、すべて高貴なるものは稀であるとともに困難であると、全巻を結んでいる理由も首肯される。

（1）「良心をしばられることを好まず、自分を伴ることを極度に嫌った人である」から律法学者たちの学説は自分の性に合わないことから、ユダヤ教を否認したと、ピエール・ベールの『歴史的批判的辞典』は記している。
フォールレンデル『西洋哲学史』第二巻、粟田賢三・吉野源三郎・古在由重訳。岩波書店、1943年、152ページ。「その学説に忠実に、地上的なる栄えと富との上に超然とし、欲望を抱かず……」
（2）『エチカ』（上）畠中訳、86ページ。（E. I, Appe: II p. 80）
（3）同、（上）60ページ。（E. I, Prop. 16, Col, 2, 3: II, p. 61）
（4）同、（上）73ページ。（E. I, Prop. 29, schul.,: II, p. 71）
（5）pantheism, Pantheismus. 同（上）、64ページ、定理18「神はあらゆるものの内在的原因であって超越的原因ではない。」として示すことができる。
（6）「以上をもって私は、感情に対する精神の能力について、ならびに精神の自由について示そうと欲したすべてのことを終えた。」と『エチカ』全巻の最終部の第五部の定理42の備考において、スピノザは全作業の終了と共にその到達点を示した。即ち、精神の満足の真の享有である。同、(下)、１３７ページ。(E. V. 42, Schol.: II. p. 308)

(７) 同、(上)、１４２〜１４３ページ。(E. II, Prop. schol. 2: II., p. 122)

(８) 同、(下)、１２３ページ。(E. V. Prop. 27, dem: II. p. 297)

(９) 同、(下)、１２７ページ。(E. V. Prop. 32, corol. : II., p. 300)

(10) 同、(下)、１３７ページ。(６) において示した真の満足の享有者が賢者である。「精神はこの神の愛即ち至福を享受することによって快楽を抑制する力を有する」人が賢者なのである。(E. V, Prop. 42, Demonst, et Schol.: II. pp. 307–308)

(11) 「精神の強さ」である。fortitudo。これはさらに、勇気と寛仁に分けられる。animositas と generositas である。『エチカ』前出、(上)、２３４ページ。勇気とは行為者自身の利益に帰されるが寛仁は他人の利益をも意図している行為。(E. III, Prop. 59, schol.,: II., pp. 179–180)

第二章　スピノザの思想における「感謝」

スピノザの宗教において隣人愛に問題のあることを指摘しておいた。この問題は「感謝」に焦点を当てることによって、その性格を鮮明に映し出すことが出来るように思う。スピノザが感謝について論じているのは、初期の論文と、晩年、完成をみた主著『エチカ』（１６７５年完成、１６７７年遺稿集として出版）においてである。

初期の論文というのは、遺稿集には含まれておらず、没後２００年近く経て（１８６１年２月）発見された『神・人間及び人間の幸福に関する短論文』[1]のことである（通常この著作を『短論文』と略称しているので以下これに従う）。『短論文』は、その表題の示すように、神・人間・幸福という、スピノザが生涯にわたって探求して倦むことのなかった畢生のテーマを示している。『短論文』が注目されるのは、スピノザの極初期の著作であるため、スピノザの思想のその後の発展を知る上から決定的ともいうべき資料の重要性を持っていることによる。このような資料価値を有する『短論文』に、本論文の主要課題としている「感謝」が記載されていて、スピノザの率直な見解に接することが出来るのは幸いである。さらに、興味深く思われるのは、若年の頃の感謝についての考え方が晩年に至って、あるいは後年には変化を見せてきていることである。『短論文』第二部第十三章に、感謝（dankbarheid）は好意（Gunst）及び忘恩（Ondankbarheid）と共に扱われている。(2)

好意と感謝について、スピノザの考察するところは、隣人に対して何らかの善を望み或いは行おうとする精神の傾向である、としている。これこそまさに、現実において具体化された隣人愛でなくて、何をもって隣人愛と言うことが出来ようか。

スピノザは、隣人愛という言葉を用いてはいない。しかし、好意と感謝がまぎれもなく隣人愛であって、しかもなお、問題があるというのは、いかなる理由によるのであろうか。スピノザの説くところに注目しなければならない。

直ちに気付くことは、隣人に対して何らかの善を望む、ということである。「望む」という表現の意味のとり方、どう解するか、が問題である。ここに述べられている感謝は、人間相互の間にみられる倫理的感謝である。好意あるいは親切に対して好意をもって報いようとするものである。この場合「望む」という、いわばある種の期待感をもつというのは、相手に対して働きかける行為が相手にとって善くあるように、という願いにも似た心の状態を言うものと解するのが一般的見解であろう。しかし、このような水準にとどまらないところに、感謝のもつある種の厄介さがある。感謝が忌避される一つの理由でもある。スピノザが考察し、自ら説明している「望む」というのは、「他人に何らの善をなした人に善が仕返される場合である」。「望む」というのは、善の仕返しの期待である。善を仕返すことは感謝の現れであり、それ自体問題がない。というより、なされた善に対して、全く何の応答も示さなかった時、問題が生じてくる。従って、好意や善の感情をほとんどすべての人が善と考えている、とスピノザは前置きして自説を展開するのであるが、その前に指摘しておきたいのは、善の仕返しの期待感である。善の仕返しは善である（ここでカントの感謝論に触れておくと、カントは感謝をしないと親切を止めさせてしまう害悪を説き、それのみにとどまらず、人間愛の倒錯即ち愛ではなく憎しみへの転化を説いている。[3]義務としての感謝の中にカントは隣人愛の具体相をみているというべきであろう。恩人への憎しみを背恩として厳しく責めるカントの感謝論は考察の深さを思わせる）。しかし、その故にその仕返しを期待するということは、感謝の美徳に影響を与えずにおかないように思われる。この点を明確に指摘したのが、『エチカ』第四部定理70とその備考及び定理71とその備考である。[4]『エチカ』における論述に入る前に、『短論文』に見られる特色ある感謝説をすませておかなくてはならない。

好意、感謝が善であると承知しておりながら、スピノザは、スピノザ自身の考える完全な人には決してこのような感情は生じ得ない、と主張する。(5) その理由は、いかにもスピノザ独自の思想を思わせる。完全な人間は単に必然性に依ってのみ隣人を助けるように動かされるのであって、他の何らの原因によっても動かされることがない、というのである。それ故、完全な人間は最も邪悪な人間をも助けなければならぬと感ずるのであり、そのような邪悪な人間の不幸と困苦が増大すればそれに比して益々そうしなければならない、という感じに動かされる。

ここに見られる完全な人間の特色は、好意あるいは感謝に全く関わっていない点にある。『短論文』においてスピノザは世俗の意味で感謝の意を認めたが、自らの哲学の立場からは、これを否定したといってよいであろう。その理由は、スピノザの言葉として記してあるところを伝えたが、何といってもスピノザ独自の思想である必然観にある。その意味において極めて機械論的である。多方勝手な想像が許されるなら、全地球上の収穫物を一カ所に集めて、必要に応じて各地域に自動的に配分していくような構想が基本にあるように思われる。必然観に感謝の問題は起こりようがない。この点については、しかし、なお考察の余地がある。

『短論文』における感謝の特色は、必然観と、すでに述べた期待感である。このような期待感つまり行為や善行の報いを求める姿勢を、スピノザの説く完全な人間は全く持ち合わせていない。その意味から邪悪な人を例に挙げて説明したのは効果的であった。『短論文』において完全な人間というのは、明瞭な認識即ち真の認識によって神と合一してこれを享受する者であり『エチカ』においては自由な人と称される。完全な人間から自由な人への移行は、感謝についてのスピノザの思索の深まりを示している。それは二点において指摘される。第一点は、感謝を積極的に評価したことで『エチカ』においては、「自由の人々のみが相互に最も多く感謝しあう」と、第四部定理71に定理として明確に打ち出している。自由の人々こそスピノザの描く理想的人間像である。その理想的な人達によって構成されている社会こそ理想国というべきであろう。理想的な人々によって、また理想国において、はじめて感謝は、感謝し感謝されるものとして純粋に生かすことができる。人と人とを結びつけるものが何であるのか。人間にとって最大の問題を構成する要素に関わる問いである。愛はその中の最有力となるものの一つである。自由の人々のみが相互に最も多く感謝しあうという。スピノザの描いた理想社会における紐帯としての役割を荷うもの、それを愛と呼ぶなら、それは感謝と称して過言ではなかろう。愛の類型を、エロース、プィリア、アガペーに見出すなら、この場合最も適当なのは、プィリアということになろう。スピノザの思想における感謝は、人間相互の間に見られる倫理的感謝として、プィリア（友愛）としての特徴をもつものである。しかし、現実の全人類を対象とするとき、即ち隣人愛の実践として、これを見るとき、スピノザの思想における感謝は問題を露呈してくる。

第二の点について指摘することが、その間の事情を明らかにする。『短論文』における感謝の特色の一つに期待感を挙げておいた。この期待感を、スピノザが完全な人間と称する人は全く持ち合わせていない。好意や感謝において、何らかの善を「望む」という、その望み方が単に他の人に対して善くあることを望むのみではなく、善く返されてくることを望む、というのである。これは、感謝が人間存在に深く根差しており、感謝の構造の研究において明らかにされる。それは次章に譲り、感謝が応答的存在としての人間存在の典型であることを指摘しておく。好意あるいは感謝を論じて、スピノザが善を望むという感謝の特色を鮮明に記したのは至極当然のことでもあった。その上で、このような期待感を原因として、つまり、動機として、完全な人はそれを全く持たないというのであるから、既に記したように『短論文』における完全な人それは若年の頃のスピノザの理想的人間像といってよかろうと思うのであるが、その完全な人は感謝とは全く無縁ということになり、当然その評価もあまり省みられない位置に落ち着くこととなる。後年『エチカ』において、感謝を高く位置づけることとなったが、感謝の持つこの期待感が内含している問題を同時に明るみに出すこととなった。それは端的に言うと、取引的性格である。ここにも感謝が人間存在の根底に触れる性格を持っていることが垣間見えるのである。経済的あるいは商業的行為なくして人間社会は成り立たない。感謝のもつこの取引的性格について、スピノザは、これを盲目的な欲望に支配される人々が相互に示すような感謝とし、感謝というよりは、取引あるいは計略（ancuplum）である、としている。

スピノザの思想、特に『エチカ』に表れたスピノザの思想の大きな特徴は、人間像を二分していることで、知性によって導かれる自由の人いわば賢者が一方にあり、他方に感情に隷属して欲望に支配されている無知な人を配している。取引的性格を持つ感謝である故、自由な人は無知な人々の間で生活する際、できるだけその人達の親切を避けようと努める。『短論文』における完全な人間は、単に必然性によって隣人を助けるように動かされ、他に何らの原因に依っても動かされることがなかった。従って感謝に纏綿する諸問題に煩わされることはなかった。しかし、『エチカ』において積極的に感謝の意義を認め高く評価した（「自由の人々のみ」が、即ち賢者にしてはじめて「相互に最も多く感謝しあう」ことが可能となる）ことにより、感謝による生活法ともいうべき点に触れざるを得なくなった。自由な人は無知な人々から憎しみを受けないように、また軽蔑感を与えないように、親切を避けるに当たって慎重でなければならない、と事細かに述べている。

以上、スピノザの思想発展(6)の上から『短論文』および『エチカ』に表れた感謝について、著しい相違のあることを述べた。スピノザ自身、特に感謝に関連して述べているのではないが、感謝の構造上より見て興味ある点につき一二指摘しておきたい。

『エチカ』第四部は「人間の隷属あるいは感情の力について」と題され、感情について詳細な研究がなされている。感謝も引用箇所に示されている通り第四部で扱われている。人間にとって感情の力は強力である（第一種の認識の影響力の強大さはしばしば指摘した）。言ってみれば、この強力な、思うにまかせぬ感情をいかに手なづけ、支配するか、スピノザの生涯の課題といって過言ではあるまい。『エチカ』は、この課題に答える著述であったと考えても、それ程当を失してはいないであろう。それは、しばしば感情療法[7]としてスピノザの説が取り沙汰されているところより、また何より、この療法が神に対する愛のもとにスピノザ自身によって説かれているところより、その妥当性は首肯されるであろう。

感謝もまた、そう言ってよければ、有効な感情療法の一つである。自由の人が感謝についてここまで深く考えているかどうか、スピノザが感謝に関して論じている箇所には明白な記述はない。しかし『エチカ』第四部定理46は、感謝に関連して考察するとき、そこに深い意味と、すぐれた人間理解を見出すであろう。それは一段高い隣人愛の具現したものともいうことができる。定理を示しておく。「理性の導きに従って生活する人は、できるだけ、自分に対する他人の憎しみ、怒り、軽蔑などを愛あるいは寛仁で報いるように努める。」感謝の構造より見るとき、これは否定的なるものへの感謝と言ってよい。

スピノザの宗教における感謝について、人間相互の間にみられる感謝とは異なった立場から、さらに考察を続けてみたいと思う。しかし、これまでも触れてきたように、感謝と言っても、単純ではない。感謝の構造について検討することが先ず求められる。

（1）Korte Verhandeling van God, de Mensch en deszelfs Welstand.
（2）スピノザ『神・人間及び人間の幸福に関する短論文』畠中尚志訳、岩波文庫、1960年、152〜153ページ。以下『短論文』と略。
（3）カント『道徳哲学』白井成允・小倉貞秀訳、岩波文庫、1962年、137〜138ページ。
（4）『エチカ』（下）前出。81〜82ページ。第四部定理70「無知の人々の間に生活する自由の人はできるだけ彼らの親切を避けようとつとめる。」第四部定理71「自由の人々のみが相互に最も多く感謝しあう。」（E. IV, Prop. 70: II, p. 262. E. IV, Prop. 71: II, p. 263）
（5）『短論文』152ページ。「敢て主張する。」と強い語調に注目。
（6）スピノザの人と思想を考える上で重要な示唆が含まれているように思われる。「序論」でもこの点に触れたが環境上の変化を背景に置くことも考えられる。もっとも、伝えられるところでは、スピノザの対人間的態度は村の農民にしろ、宿の主婦にしろ賞讃しているところである。『書簡集』に見られる私を尽くす姿勢にもうかがえるところである。
（7）エドウィン・カーリー『スピノザ「エチカ」を読む』開龍美・福田喜一郎訳、文化書房博文社、1993年、227〜230ページ。記載にみえるが、カーリーもまた「感情療法」を重視している。ただ一般にいわれているように、またスピノザの説くところにもそのような印象を与えるところがあるが、有効に機能している反面、限界のあることを指摘している。カーリーの独自のスピノザ観、それは身心問題における身体の重要視にその根拠がみられそうに思う。

第三章　「感謝」の構造

スピノザの宗教、それを端的に示すのが、神への知的愛である。

スピノザの宗教ならびにスピノザの思想における感謝について不十分ながら論考を進めてきた。さらに、というより、本論文の主題ともいうべき課題へ向かって考察を進めていくこととする。課題というのは「神に対する知的愛は感謝といえるか」という問いのもとにおける考察である。もとより直ちにこの問いを掲げて検討に入ることも考えられる。しかし、スピノザは自らの宗教について、全く感謝に触れてはいない。また容易にスピノザ自身の宗教、端的に言って神に対する知的愛であるが、神に対する知的愛が感謝であると見て取れるものでもない。ここに、課題に迫るには一段の慎重さが要求されているとすべきであろう。単なる思い込みによる「感謝」をもってしては、スピノザの思想の一面的な理解を免れず、また底の浅い論考とならざるを得ないであろう。ここに、改めて特に感謝を考察の中心に据えて、課題へ迫る前のいわば予備作業としての重要な一階梯とする理由がある。従って、本章において、一旦視線をスピノザより移して、焦点を「感謝」そのものに向けることとする。

感謝は取り立てて言うほどのこともないくらい、あまりに日常生活に密着して見られる現象である。人はほとんど無自覚にこの語を使用している。感謝の表現は、人類共通に見られる[1]ものであり、日常生活において重視されていることは、外国語学習の初期に、あるいは海外旅行に際し、また国際間の親善交流を円滑に促進する上から習得しておくべき必須の知識とされているところより明らかである。

感謝はさまざまな現れ方をしている。ごく軽い挨拶から、生死に関わる人生の一大事に臨んで、その表現の極点に達するまで、実に多様な様相を呈して現れる。

感謝は、人間の意識現象である。当然、意識の特性である志向性を示している。感謝の考察に当たって、その構造を、志向性に即して記述すると、次のように示される。

《……が》《……に対して》《……について》《感謝する》

感謝の構造をこのように分析すると、多様な様相を呈して現れる感謝の考察を比較的容易に進めることができる。それぞれの構造契機について述べてみよう。

《……が》

感謝の主体をなす。人であることは言うまでもない。あえてこの《……が》が問われるのは、人は人であってもすべての人ではない、またその人が特定の人であっても、常にそのような人であるのではない、という観点から注目される。《……が》については一通り構造契機の説明を終えた後、さらに取り上げることとしたい。

《……に対して》

感謝の考察において、一見、自明であるかのように見えて、深い思索を要する契機であり、それだけに尽きぬ興味を呼び起こす。

感謝の考察は、言語的表現を手がかりとする。※その意味において、日常言語（そこには改まった態度における、あるいは、何気なしに表現される言葉が含まれている）、文章など記述的に表現されるものが考察の手がかりを与える。一見、自明であるかのように、と述べたが、感謝は好意あるいは親切に対してなされる、と一般にみなされているが、好意あるいは親切は次に述べる《……について》に対応するものであり、より適切には、親切にしてくれた人、好意を寄せてくれた人に対してなされるのである。感謝に関する定義[2]は、この点を明確に示している。このように《……が》《……に対して》に見られる人と人とが対応してなされる感謝を、人間相互の間の感謝と呼ぶことができよう。倫理的あるいは道徳的感謝として知られているものである。[3]

感謝は人間相互の間にのみ限定されてはいない。むしろ、深い意味をもってくるのは、人間を超えた存在に対して感謝がなされる時である。人間を超えた存在が何を意味するか。感謝が呼び起こす大きな問題の一つがここにある。

《……に対して》が、神、仏を意味するならば、その感謝は宗教的感謝と称することができる。しかし、人間を超えているからといって感謝は必ずしも神や仏に対してのみなされるとは限らない。特に、近代以降、宗教的支配を脱して、科学が人類生活に大きな影響力をもつようになり、科学的合理的思想がほとんど常識となっている現代社会においては、神・仏に対する感謝と、かつては見なされていた感謝も異なった様相を呈するようになってきている。しかし、己を超えた存在に対する感謝、あるいは、感謝の念にも比すべき感慨に襲われる体験は決して失われてはいないのである。(4) ここに、人間存在の大きな一つの特性を見出すことができる。人間存在は決して世界内存在にとどまることを得ない存在である。たとえその対する存在が世界内の事物に過ぎないにしても、そこに深い感謝が体験されるとき、その存在は世界内存在の域を超えていると言わねばならない。特にその存在が否定的なるものとして、《……が》に対して現れるとき、日常的生においては想像することもできない深い意味をもって感謝を体験せしめる。このような体験による感謝を超越的なるものに対する感謝と呼ぶことができるであろう。

否定的なるものが、いかなる存在であるか。ここにおいて、《……について》が問われねばならない。

《……について》

感謝が何についてなされるかは、既に述べた通り、倫理的感謝においては、好意であり、親切である。しかし、現実の生活において、単に好意といい親切といっても抽象的である。これを具体化した存在が《……について》に対応して与えられることによって、意味を充足せしめ、目的を達成せしめる。とは言うものの。それが単に機械的になされるならば、いわゆる心のこもったものでなければ、そこに感謝の余地がないばかりか、時には《……が》を甚だしく傷つけることとなるであろう。倫理的感謝においては、結果に勝って動機が重要な意味をもつこととなる。

感謝においては、このように与えられている事実に対して、その動機（原因）が重要視される。ところで、超越的なものに対する感謝は、所与の事実あるいは存在、もしくは状況が、《……が》にとって、否定的な意味をもつにも拘《かかわ》らず、感謝が体験される。世界内存在をして、超越的なものへと向かわしめる、かかる所与は、また、限界状況とも呼ばれている。人間存在の有限性を端的に示すと共に、己をしてかくあらしめている存在の真意への問いを呼び起こしてくる。超越的存在に対する感謝は、否定的なるものの意味を徹底的に究明しようとする止むに止まれぬ内心の要求と、その遂行の果てに、あるいはその過程において、否定的なるものが肯定的なるものへと大きく転回するときに、体験される。この体験を論述することは容易ではない。体験と論述とは自ら異なった性格のものであり、たとえ理解し得たにしても、理解が即ち体験といえぬことは明白である。しかし、感謝の構造を問題としている立場から、感謝の体験に迫ることは、なお可能であるように思われる。感謝の考察は、多様な様相を呈して現れる感謝の本質へと進められねばならない。

《感謝する》

感謝は意識の働きである。一体、感謝はどのような意識の作用なのであろうか。感謝のもつ様々な特性がここで明らかにされる。

《……について》において述べたような、好意、親切、あるいは、恩恵、賜物など感謝の構造契機をさらに一段踏み込んで考究してみると、そこには、自己の存在に対する、容認、肯定、さらに、尊重が見出される。それは、生の肯定であり、生の充足であり、人生の意味、あるいは、目的の達成、もしくは、その支援であることが見出される。このようにして見出された感謝の特性が示しているのは、人間は根底的には、肯定的存在であり、生への存在である、ということである。

さらに、この肯定観を存在論的に追求するとき、かくある己の存在の根源が問われねばならなくなる。

「人身享け難し」とは、仏道修業の発端にあって、第一に強調される言葉である。仏道修業のみに限らず、科学の発達は、この世界内存在としての一個の自己の存在が、いかに多くの偶然ともいうべき機会の遭遇にゆだねられて、今日只今の自己の存在を現出しているか、を示している。「有ることの難さ」が感謝の存在論的基底をなす。この意味において、他の国の言語には見られない、ありがたさ、を表現する日本語は、感謝の考察にとって、その核心に触れるものをもっている。

サンスクリットあるいはパーリー語において、感謝を意味する言葉は「なされたことを知る」と言われる。(5) この言葉もまた感謝の本質を端的に示している。

「なされたこと」がなければ、またその「なされたこと」を「知る」ことがなければ、感謝の起こりようがない。さらに、「なされたことを知る」前提として、存在の肯定と生への意志があって、はじめて「なされたこと」が意味をもってくるのは前述した通りである。

「なされたこと」は、感謝の構造契機において、これを見るとき、《……について》であることは容易に気付くところであろう。また、「なされたことを知る」には、教育時の躾《しつけ》、教育の果たす役割は言うまでもなく不可欠の重要性を持つ（乳幼児期における影響を重要視する立場もある）[6]。

人間は理性的動物である、と言われる。「知る」ことが、あるいは「知ろうという欲求」が人間の本性をなす。まさに、人間は問う存在であり、さらに、存在の意味を問う存在者として唯一の存在者である。存在の意味を問う問いの究極するところは、問いを発する自己自身へと問いが撥ね返ってくることであり、問う者は問われる存在となる。最も身近な自己自身への問いが、最も困難な問いに化する[7]。何人も自己の存在の自己原因であったものはない。何処より来り、何処へか去る。本来無なる己は、また受動的存在であり、受動性を根本に有している。感謝における「知」は、人間存在の受動的性格を開示する。人間は問う存在であると共に応答的存在であり、負い目ある存在である。感謝は、人間存在の根本的性格を明らかにするとともに、人間存在の根源より発せられるとき、最も深い感謝の体験を表出せしめる。

なお、感謝の構造より人間存在を見るとき人間存在は次のように開示されるであろう。

①肯定的（活動的）存在であること。

②応答的存在であること[8]。

③負い目ある存在であること。[9]
④受動的存在であること。
⑤受動から能動へと転換する存在であること。
⑥形而上学的存在（有り難さ）において存在するものであること。[10]

また、感謝の諸相としては次のようになる。

①人間相互の間における感謝。
②人間と事物（事象）の間における感謝。[11]
③超越的なるもの、否定的なるものへの感謝。[12]
④宗教における感謝。[13]

いずれの場合も謙虚[14]即ち自己の極小化が重要な意味をもつ。この極小化が極大へと転ずるところに感謝のダイナミズムがある。

感謝の構造を論考する上で、「恩」の思想は多くの示唆を与える。[15]それは、「なされたることを知る」と端的に表現することができる。

なお、受け取る感謝から与える感謝への転換は、感謝の実践において明らかにされる。

（1）一ノ瀬恵「『ありがとう』と言わない重さ」（『図書』12月号、岩波書店、１９８９年）内モンゴル人は「バヤルララー」と言って感謝を表現する。しかし滅多に、口に出しては言わない。そのため外国人にいろいろな受け取り方がされている。かつて、服部四郎『国語辞典』に蒙古語に感謝を表現する語がないと読んだ記憶がある。また訪れた外国人のうち米国婦人などには悪い印象を与えているようである。しかし、感謝を表す言葉はある。国際交流により事情が変わるかどうか、興味深い問題でもある。一ノ瀬はモンゴル語を専攻。言わない理由には、その実、重い意味がこめられていることを指摘している。（25〜29ページ）

（2）『エチカ』前出（上）２４９ページ。「諸感情の定義」34。「感謝あるいは謝恩とは我々に対して愛の感情から親切をなした人に対して親切を報いようと努める欲望あるいは同様な愛の情熱である。」（II., p. 200）
なお、同書第三部定理39に「善［親切］」と記されている。また、同定理備考に「我々は物を善と判断するがゆえに欲するのでなく、かえって反対に我々の欲するものを善と呼ぶ」、さらに「善をあらゆる種類の喜びならびに喜びをもたらすすべてのもの、また特に願望——それがどんな種類のものであっても——を満足されるもの」としている。（同２０９〜２１０ページ）（II., p. 126）

（3）『世界の名著32　ロック・ヒューム』責任編集大槻春彦、中央公論社、１９９８年、２３４〜２３６ページ、５５０ページ。

浜田恂子『価値応答と愛』八千代出版、１９８２年、74～75ページ。

金子武蔵編『新しい倫理』河出書房新社、１９６３年、52、57、３１５ページ。

D・ヒューム『道徳原理の研究』渡部峻明訳、哲書房、１９９３年、67ページ。

H・セリエ『愛のストレス』深尾凱子訳、実業之日本社、１９７６年、３９９～４０３ページ。
（4）岸本英夫『死を見つめる心』講談社、１９６４年、40ページ。「癌のおかげで、ほんとうの生活ができるのだという感じがするのである。」
（5）田中美知太郎編『宗教と倫理』人文書院、１９７７年。３６９ページ。krtajna-krtsanedin（サンスクリット語）。なお、katannn-katsuendin（パーリー語）：中村元『宗教と社会倫理』岩波書店。
（6）M・クライン『羨望と感謝』松本善男訳、みすず書房、１９７５年。「感謝や幸福へとむかう能力の発達に対して、羨望のおよぼす影響のことである。」（15ページ）。
（7）ハイデッガー『存在と時間（上）』細谷貞雄他訳、理想社、１９６３年、83ページ。
（8）金子武蔵『倫理学概論』岩波書店、１９５７年、２８９～２９２ページ。
（9）鈴木大拙『妙好人』法蔵館、１９８１年。69ページ。
（10）澤瀉久敬『医学概論――第二部　生命について』創元社、１９６０年、２６５ページ。
（11）鎌田茂雄『華厳の思想』講談社学術文庫、２００１年、１９２ページ。
（12）駒沢大学教化研究所編『禅と念仏』講談社、１９６０年。「坐禅のお蔭で煩悶がなかった。」（18ページ）（正力松太郎の獄中体験）岸本、前出。40ページ。
（13）田邊元『哲学入門』筑摩書房、１９４９年、71～72ページ。
田邊元『懺悔道としての哲学』岩波書店、１９４７年、２３５～２３６ページ。

鈴木大拙『宗教経験の事實』大東出版社、１９４３年、39～40ページ。「唯人間としては、

『なんともない』と云ふ自覺と、『有難い、勿體ない』と云ふ感謝の念があるべきわけなのである。宗教はこれで盡きて居る。自覺があれば感謝又は報謝は自ら報謝して出る。」曹洞宗宗務庁出版部編集『修証義』曹洞宗宗務庁、1992年。27〜33ページ。「行持報恩」「即心是仏というは誰というぞと審細に参究すべし、正に仏恩を報ずるにてあらん。」『正信偈稽古和讃・阿弥陀経・御文章』守川吉兵衛（富山県富山市）編集、印刷、発行、1912年。4ページ「不断煩悩得涅槃」14ページ「極重悪人唯稱佛、我亦在彼摂取中　煩悩障眼雖不見　大悲無倦常照我」。

(14) ボルノー『徳の現象学』森田孝訳、白水社、1983年。180〜185ページ。「謙虚がたしかにまた深い宗教的な生活感情を表現している……」

(15) 加藤尚武『倫理学の基礎』放送大学教育振興会、1993年。126〜129ページ。世代間倫理が近年唱えられているが、「アメリカの代表的な環境倫理学者フレチェット女史は、日本の『恩』という言葉に手がかりを求める。」

※感謝の考察において、その方法の一つとして文章などの記述されたものについて述べたが、もとよりそれのみに限らない。おそらく表現され得るすべてのものが対象となるであろう。感謝が人間生活と深く関わるところより、慣習は第一に挙げられる。さらに個々の人々の生き方のうちに現れてくるところより、様々な生活体験が考察の資料として見逃せないものとなる。それをどのような立場から学的に問い形成していくかが問題となる。

第四章

神に対する知的愛は感謝といえるか

スピノザは自らの宗教において感謝について記していない。特に記していないことについて、これを問題として取り上げるには慎重な態度が要求される。つまり恣意的なあるいは単なる興味本位の浅薄な態度をもって接することへの警告である。

事実、既定のことのように、スピノザ自身の宗教と呼んできたが、そのこと自体大きな問題である。序論において特に指摘したのもそこに容易ならぬ問題が伏在していることを先ず喚起しておきたかった故にほかならない。

スピノザの生涯の意図は、若年の頃記された『知性改善論』の中に感慨深く記されている通り、社会生活における処世的な道徳論にあるのではなく、人生の根底に触れるものであり、絶対的にして永遠なるものへの激しい渇望にあったことを顧みるならば、スピノザの思想が宗教と深く関わるものであること、いわば宗教的境地に到達することなくして完成することはあり得なかったことが理解されるものと思う。

スピノザ自ら再三述べているように、スピノザ自身の宗教における神は即ちスピノザの哲学における神である。スピノザの宗教が哲学者の宗教といわれる理由もここにある。

哲学者の宗教、哲学における神において問題とされるのは、いわゆる宗教と言われるものとして、一般において問われているものとは著しく異なった性格を有する。

一般に宗教において先ず問われるのは、即ち、宗教の本質と言われているのは、信仰である。特に起源を啓示におく宗教即ち啓示宗教は信仰なくして存立することは出来ない。啓示宗教即ち信仰による宗教の本質は服従である。他方、スピノザの宗教の本質は認識にある。若年のころに記された未完の書とはいえ、その表題において端的に自己の宗教の本質を示した『知性改善論』の意味するところは深い。

啓示宗教における神は信仰においてのみ真剣に問われる。他方、哲学者において問われる神は徹頭徹尾認識の問題としてのみ意味を有する。啓示宗教と哲学者の宗教、啓示と認識、いわゆる信と知とのかかわりは西洋哲学史において中世をひときわ鮮やかに彩った大問題であった。

近世哲学史上、輝かしい位置を占めているスピノザは、この二大問題に対して断固として知の立場に立って、徹底的に啓示宗教を批判した。

本来、古代ギリシャに起源を有する西洋哲学の本道とも言うべきものは、知によるものであり認識が主であり、神話的段階から合理的思考へと脱皮し知識の世界を形成していった。古代末期より人間の救済が社会的に要請されるとともに思想の世界にも大きな比重を占めるようになり、折しも東方より伝えられた啓示宗教（キリスト教）と深い関わりを持つこととなり、中世の思想を形成するに至った。

したがって、西洋哲学史上、キリスト教は哲学の本流とは何ら関わりのないものに過ぎなかった。この意味において、啓示宗教と哲学とを截然と切り離し、哲学による神の認識をもって自らの宗教と称してはばからなかったスピノザに、哲学史上において高い評価を与えている哲学者がいるのも首肯される。

スピノザは啓示あるいは奇蹟について、既に記したように『神学・政治論』において、深く考察してこれらの持つ真実性を否定した。しかし、信仰における宗教にとっては十分その役割を果たしていることを認めた。それは信仰の本質から当然導き出されるものであった。信仰の本質は服従にほかならないとスピノザは喝破し、民衆を導き服従させるには、啓示あるいは啓示の効力が民衆に与える影響を認めたからである。

民衆は知性によるよりも想像力によって心を動かされる。それ故、哲学者のように、知性による宗教には何ら興味を示すことはない。しかし、徹底的な合理主義による哲学者の宗教を持つことの出来ない民衆に対して、啓示宗教はそれなりに有効であり教化の役割を果たすものとして、スピノザはこれを強く勧めている点についてはこれまでも指摘してきたが、スピノザ自身の宗教についての論考を進める前に特に強調しておきたい。

1 問い

啓示宗教あるいは信仰による一般の宗教が感謝を高く評価しており、また、自らの倫理思想において、スピノザは感謝を高く評価するに至った。スピノザの宗教における感謝の課題に迫る道は見出すことが出来るように思われる。改めてこの課題を問うてみる。

スピノザの宗教を端的に表しているのが「神に対する知的愛」である。

スピノザの宗教が感謝に裏付けられているか、あるいは、感謝の表白であるとするなら神に対する愛そのものが感謝ということになるであろう。いったい、神に対する知的愛は感謝と言えるのであろうか。

[2] 応　答

1）信仰の立場より

(1) 否定的

問いは答えの辺にあり、と言われる。少なくもこのような疑問を呈せしめるところに、否定的な、あるいは、消極的な対応が予想される。

否定的な対応としては、信の立場にたって、信と知とを峻別するもので、スピノザとはこの点似て非なるものがある。知的好奇心、知的探究心は信の世界の神聖を侵すものとみなされる。信の聖域は小賢しい知の踏み入るのを許さないものがある。ただ信仰あるのみである。単なる服従ではなく、徹底した服従である(1)。徹底的服従、即ち己を無にする要求である。極小化した自分であってはじめて無量の感謝が感得される。感謝は謙虚なくしてあり得ず、また、真の感謝と言われるものは、ただ有り難さの一念のみである。すべて与えられているものに対して何の評価もする事無く無上の有り難さをもって受け取る。ここまで徹底してこそ真の感謝と言えるのである。それがたとえいかなるものであっても感謝をもって受け取ることが出来るというのは、真の信仰あってはじめて可能となる。信仰の極地は筆舌に尽くしがたく、ただ感謝としか言いようのないものとされる。信仰と感謝は一体である。知は迷いのもとでこそあれ、真の信仰の立場からは無用である。

（1）田中編『宗教と倫理』前出。80ページ。「救済論的われは、神をロゴスにおいてとらえようとしないで、パトスにおいてとらえようとする。救済論的われにとって、神は、パスカルが例の『メモリアル』のなかで叫んでいるように、『アブラハムの神、イサアクの神、ヤコブの神であって』『哲学者と学者の神ではない』」
岩崎『西洋哲学史』前出、94ページ。「不合理なるが故に信ず」（credo, quia absurdum est）

⑵ 消極的

消極的に対応しようとする立場においては、知性をスピノザほどには高く評価していないが、これを有害無益なものとして、たとえ、一時的にもせよ、これを峻拒しようとする否定的立場によるものでもない。端的に述べると、知性は感性の手段に過ぎず、スピノザと真っ向から対立した主張となる。即ち、知性は感性の奴隷である[1]。しかし奴隷としてすぐれた有用性は持っている。信仰に仕えるものとしての知性は尊重しなくてはならない。神に対する愛は信仰によるものであり、認識によるものではない。哲学者の説く神に対して愛が生ずるとは考えられない。まして、感謝については論ずるまでもない。

（1）大槻編『ロック・ヒューム』前出、514〜515ページ。「理性は情念の奴隷であり、またそれだけのものであるべきであって、理性は情念に仕え、従う以外になんらかの役目をあえて望むことはけっしてできないのである。」（ヒューム『人性論』）。

(3) 二重真理説より

信仰の立場よりの応答として、当然予想されるのは、知信問題における二重真理説の主張である。つまり、信仰と知性の問題については、両者を全く分離して、それぞれ独自の立場において考えようとする。そもそもスピノザの宗教観は言ってみれば二重真理説の徹底ともみることができる。もっともスピノザの場合は、信仰の危機を救ってこれを安泰ならしめようというのではなく、知性の独立、知性の自由を緊急の課題として、既成宗教の専横からこれを護ろうとするところにあった。さらに、スピノザの主張の大きな特色とみなすことのできるのは、一見二重真理説のごとく見えていながら、その実、甚だ性格を異にしている点で注目を引く。二重真理説においては、少なくも「知」の領域に宗教を想定しようなどとは思いもよらぬことであろう。宗教はあくまでも「信」即ち信仰の領域に限られるべきである。スピノザは、スピノザ自身の宗教それは徹底して「知」の立場に立つのであるが、その立場から「信」の立場を批判した。この営み自体、二重真理説本来の意図に反する。批判するに止まらず「信」の領域を「知」の領域の傘下に収めた。哲学者の宗教といわれる所以である。

スピノザは一方において「知」「信」の分離によって、「知」の独自の立場、何よりもその自由を主張したが、他方において、即ち自己の宗教において「信」の立場を否定して、「知」の単一の真理を主張した。したがって、二重真理説の立場から、神に対する知的愛については、二重真理の矛盾であるか、あるいは否定ということになるであろう。

2）感謝の構造より

スピノザの宗教を、それが宗教といわれる以上、信仰の立場からいかに評価されるか、また、スピノザの思想が「知」と「信」とに深く関わっているところより、スピノザの宗教を哲学史上における二重真理説を背景にした場合、どのように見ることが可能か、これらの点につき述べてきた。今や、本来の課題とする、感謝の構造を踏まえて、スピノザの宗教に迫る段階に到達した。

「神に対する知的愛」はスピノザの思想を、いわば典型的ともいえるほど鮮明に表しており、スピノザの思想の結晶と言っても過言ではない。

スピノザの思想は、懐疑論でも否定的人生観による厭世観でも、また一切の価値を否定する虚無主義によるものでもないことは述べるまでもない。むしろそれらとは鋭く対立する。また、消極的退嬰的あるいは禁欲主義的な生き方とも鋭く対立する。欲望を人間存在の根源とみなし、存在するものの本性は自己の存在に固執するところにあり、より小なる完全性からより大なる完全性へと活動するところに積極的な意義を認めている。即ち、喜びこそ人間の本性に適うものと断言するのがスピノザの思想の根本である。[1] この点から見て、スピノザの思想は、感謝の根本規定をなす生の肯定、肯定的人生観と共通の地盤の上にある。この地盤の上に立って、さらに感謝の構造より検討を進めねばならない。

(1) 受動から能動へ　―その i―

感謝は受動から能動への転換において最も強く意識される。人間存在は受動性を根底に有する。いかなる人もその人自身自らの起源を知らず、また、究極を知らない。根本的に人間存在は、あらしめられている存在である。即ち被造物である。スピノザもまた、人間はもとより万物は Natura naturata であり、神のみ Natura naturans と説く。

受動から能動への一大転換こそ、スピノザの思想の要をなすものである、といっても過言ではあるまい。

スピノザの思想の持つ最大の問題の一つは、徹底した受動的存在[2]――スピノザはそれを自然必然性において説く――である人間存在が、何ゆえ積極的能動的なる存在即ち必然の鉄鎖につながれている人間が自由なる存在へと解き放たれ、より大なる完全性へ向かい、目的とする至福を享受することが可能となるのか、つまり、受動から能動へはいかにして可能であるのか、その転換の論理にある。この転換あってこそ、スピノザの年来の課題は解決され、主著『エチカ』の完成に生涯を懸けることが可能となった。言うまでもなく、自由のないところに倫理はない。『エチカ』、哲学史上に不朽の名をとどめる書物は、スピノザの思想を寸言のうちに語って余りある。

スピノザ自身の感謝の問題は、スピノザの思想において受動から能動への転換がいかなる特色を有するものであるか、この点へと絞り込むことができよう。感謝の構造における受動から能動への転換は「なされたることを知る」にあった。「神に対する知的愛」は「なされたことを知る」と言い得るであろうか。なされたことを知ることによって感謝の念が湧き起こってくる。神に対する知的愛を呼び起こすことはスピノザの論理から論理的に帰結される。神に対する知は、そもそもなされたこととして認識されたのであろうか。受動から能動への転換は自己の受動性に対する反省の上において働いたのであろうか。もし働いたとするならば、その受動性において知り得た内容は何であったのか。ここまで知が反省を重ねたならば神に対する愛はすべてのものに対する愛となるであろう。そのときそれは感謝と呼ぶのが適切であるように見える。すべてに対する愛は万物の第一原因である神、Natura naturansとしての神に対してである。しかし、「神に対する知的愛」は「神に対する感謝である」と結論することはなお早計である。言うまでもなく、結論を導いた前提である受動さらに知の性格を問い直さねばならない。

真の感謝の生活は心の満足であり至福である。スピノザは神に対する知的愛のうちに我々の幸福あるいは至福または自由が存し、心の満足、とこの愛を呼んでいる[3]。ここにおいても、感謝と神に対する知的愛とは一致しているように見える。しかしこの点についても幸福な人間が必ずしも感謝的とは限らないのであるから、なお検討を要しよう。

(1) G・ドゥルーズ『スピノザ』鈴木雅大訳、平凡社、2000年。22ページ。「どのようなかたちで生きようと、また思惟しようと、つねにスピノザは積極的・肯定的な生のイメージをかかげ、ひとびとがただ甘んじて生きている見せかけだけの生に反対しつづけた。」

(2) 清水禮子『破門の哲学』みすず書房、1978年。「人間精神の働きを俟つことなく、圧倒的な力を持つ事物そのものが、受動の状態で開かれた精神のうちに直接身を現わすことによって認識が成立するという『短論文』の主張は、十七世紀においては異質であった。」（73ページ）。

(3)『エチカ』（下）、前出、第五部定理36、備考。（129〜130ページ）。

⑵ 受動から能動へ ―そのⅱ―

受動から能動への転換に着目するとき、感謝についても同じような問題が提起される。徹底した受動において感謝が感得されると言うがそれはなぜであろうか。それ自体矛盾を含んでいるのではなかろうか。

感謝する、感謝の念をもつ、あるいは感謝の念が湧いてくる、ということは、そこに何か受動一遍の働きのみでは解きがたい問題があるように思われる。受動もまた動であるが、この受動の動とは異なった性格を有する動についての問題である。「なされたことを知る」における「知」の問題である。真の感謝は徹底した受動である。しかも、なお且つそこに知の働きを認めるということは、受動の徹底とは言えないのではなかろうか。言うまでもなく知る作用は能動である。たとえ、知らされると言ってみたところで意味するところは知ることにほかならない。知らされたことを知ることなくして知らされること自体意味をなさない。言葉遊びをしているのでない。感謝の構造における知の孕む問題の重要性を指摘しているのである。感謝と知とは密接不可分に特有の関わり方をして感謝を論ずる際に現れてくる。当面の問題は受動から能動への転換において顕現してくる知についてである。それは自ずから出現するというより、転換を可能ならしめる作用であるということの方が適切であろう。したがって真の感謝は徹底した受動であるとは言え、知は能動としての本性を失うことなく、受動とみなされているものとは異なった立場にあるものと見ることが出来る。しかしそれが真の感謝といわれる以上、受動はその人の全存在に浸透し根底から揺り動かすものでなければならない。知もまたその例外ではない。賜りたる信心である。

感謝における受動と能動をめぐる問題は感謝の実践において再び取り上げられることとなる。課題としている他方のスピノザの思想についてみることにしよう。

受動から能動への転換について、これを端的に示す例として、スピノザ自身の挙げている比喩を用いて示すと、飛んでいる石自身が実は飛ばされているのであるということを知るにある。飛ばされていることを自ら知る、飛ばされていることを覚知する。この覚知、知は一体何ものであろうか。知は能動である。Natura naturata が万物であるとする立場、Natura naturans を唯一能動とし他の一切を受動とする立場はここに破綻をきたすのではあるまいか。受動から能動への転換こそスピノザの思想の核心をなすものである。万物を受動とする立場から、そこになお能動を認めることは、いかにして可能なのであろうか。スピノザの思想を読み解くかぎの一つは、いつにかかってこの点にあるといっても過言ではあるまい。それは同時に感謝の構造における知との対比を鮮明ならしめるものでもある。

スピノザが能動および受動について記しているのは、人間の精神について、即ち認識および感情についてである。飛ばされていることを知るとは、その原因に関心を向けることである。ある原因の結果が、その原因だけで明瞭判然と知覚される場合、この原因を妥当な（十全）原因と称し、理解されない場合、非妥当な（非十全な）原因あるいは部分的原因と、スピノザは呼んでいる。[1] 人間の精神にとって能動と受動とは、人間自身が妥当な原因であるか、非妥当なあるいは部分的原因であるかによって起こってくる。即ちスピノザは、「我々の本性のみによって明瞭判然と理解されうるようなあることが我々の本性から我々の内あるいは我々の外に起こるとき、私は我々が働きをなす［能動］という。これに反して、我々が単にその部分的に過ぎないようなあることが我々の内に起こりあるいは我々の本性から起こるとき、私は我々が働きを受ける［受動］という。[2]」と、記している。能動と受動についての定義は、スピノザ独自の見解とも受け取れる（私は……と言う：deco-）。[3] むしろその方がスピノザの思想を理解する上には好都合といわなければならない。この定義を一読して容易に気付くことは人間中心的に、即ち人間を起成原因として能動・受動が説かれていることである。人間に関する認識・感情即ち人間精神が論考の中心であってみれば当然とみなすこともできる。しかし、そのような見方は、スピノザの思想体系を混乱に陥れるものである。神こそ起成原因として唯一のものでなければならない。それが、スピノザ本来の思想である。またそれゆえ、感謝の構造とスピノザの思想との対比が意味をもってくるのである。したがって、掲出の定義によって問われねばならないのは、人間の能動とは何であり、それが神といかに関わっているのか、についてである。定義の示すところは、十全な認識であり、これがスピノザの説く第二種、第三種の認識を指すことは既に述べた通りである。神との関わりについては、スピノザの説くところによると、人間精神は神の無限な知性の一部である。(4) 受動と能動についてはスピノザが記述しているのは、人間の認識に関してであり、存在について語を用いて明確にスピノザが記述しているのは、存在と認識である。なされたることを知る。あらしめられている存在であることを知る。それが感謝である。

人間は神なしにあることも考えることも出来ないあるものであり、神の本性をある一定の仕方で表現する変状あるいは様態なのである。(5) したがって、特に説明を要しないほど明瞭に人間精神を含めて人間そのものは神によってあらしめられている存在であることが示されている。この存在論の基礎の上に先の定義における能動と受動が説かれていることを押さえておくべきであろう。ここに、スピノザの思想の内在説あるいは汎神論と言われる性格を認めることが出来る。あらしめられていることを知る、即ち我々の本性によって明瞭判然と我々自身および万物を理解しようとして、その帰着するところは神に対する知的愛と言うことが出来るであろう。スピノザにおいて、あらしめられていることを知る、あるいは、なされたることを知る、とは自然必然の法則を知ることにほかならない。神即自然である。この神に対して感謝するということは知的愛が説かれる以上十分あり得る。しかしなお感謝の構造より見て論及すべき重要なる要素のあることを指摘せざるを得ない。その一つとして、感謝の主体即ち誰が感謝するのかが問われなければならない。

（1）『エチカ』（上）前出。第三部定義1。（167ページ）（II., p. 135）
（2）同。第三部定義2。（167ページ）（ibid）
（3）E, III. Def., 2. Nos tum agers dies, cum. . . : (ibid)
（4）『エチカ』（上）前出。107ページ。(E. II, Prop. //, Cosd.: II. p.94)
（5）同。(ibid.)

⑶ 自己について　―その i ―

「なされたること」のおそらくは最大とみなされるであろう事実に自己の存在がある。自己をして今日かくあらしめている、あるいは、あらしめられているのは何故か。「なされたることについて」さまざまな問いが可能であるにしても、その問いに勝って重大な位置を占めている問いを考えることは出来ない。自己の存在の根源に迫る問いである。自己がなければ全存在がその根拠を失うという立場よりすれば、全存在に関わる存在論の根本に関する問いである。極端な独我論も、なされたることを知ることによって自己矛盾に陥らざるを得ない。この問いは必然的に他を呼び起こしてくる。この問いの深刻さは自己があれば他があるという単なる論理的な対立概念の想定より生じたのではないところにある。自己の存在の根源より湧き起こってきた問いである。この問いに答えようとして問いは問いを重ねる。自己の存在の根源へと迫るべく問いは問われる。しかし、この問い自身の構造が示すように、なされたることは自己に対してなすものの存在があってはじめて可能となる（独我論の破綻する所以である。自己の存在を基礎づけるものの存在があってはじめてこの問いが成り立ってくる。この問いの究極するところ、それは形而上学的性格を有するものとならざるを得ない。この問いを問おうとした動機を遡及していくと、意識するとしないとに拘らず自己の存在に対するあやふさ脆さによってこの問いに導かれていることが明らかになるであろう〈あやふさ脆さが自覚されると不安となり懐疑となる〉）。

自己の存在の根源に対する問いは確固とした存在の希求とならざるを得ない。自己の立場よりすれば希求であり願いであり、確固たる存在の立場よりすれば呼びかけであり、差し出す手である。確固たる存在者は永遠なるものであり絶対的なるもの、絶対者である。形而上学的存在である。なされたることを知ることが即ち形而上学的有り難さと言われる一つの理由である。形而上学的有り難さは本来あり得ぬものが今かくあることについて抱かれる心情である。この心情は徹底した知によって裏付けられている。自己の存在を見透し抜いた知によってである。本来無とも言うべき自己がこのように存在の光のうちに輝き出ていることの有り得べからざるうちの有り難さ、形而上学的有り難さがすべての有り難さを基礎付ける。[1] 宗教的感謝が、人間相互における倫理的感謝をはじめ、自然に対する、さらに事物に対する感謝を生じていく。

真の感謝は一時一所のものではなく、それがたとえいかなるものであっても、なされたることについて感謝の念をもってこれを受け取ることのできるものであり、宗教的感謝の大きな特色である。宗教的感謝があってはじめてすべての感謝は生きたものとなる。宗教的感謝はすべての感謝を基礎付ける。宗教的感謝は生活の全体を覆い浸透する。[2] まさに、感謝の日暮らしであり、行持報恩である。

本来有り得べからざる無ともいうべき自己の存在がかくあるという不可思議としか言いようのない自己の存在。それがかくあるという在り方で存在の光の内に顕現している。即ち、かくあらしめられているというのは恵みである。恵まれてかくあるのである。恵みは大いなる愛のなせる業である（自殺はあらしめられている存在の本性に悖《もと》るものであり、愛への裏切りである。すべての宗教はこれを認めない）。なされたることを知る、あらしめられている存在の根源である自己についてスピノザはどのような見方をしているのであろうか。

己の存在、自己の存在もまたNatura naturataとして万物の一員であり、受動的存在である。あらしめられている点においては変わらない。スピノザの思想に、この意味において感謝の構造と共通するもののあることについては、既に指摘した。しかし、スピノザの思想において、自己が自己として特に取り上げられて論じられている箇所は見当たらない。ほぼ同時代に属するデカルトにおいては自己（われ）は思想の中心に位置していた。そこにデカルトの哲学史上における傑出した特色があり、近世から現代にいたる哲学、思想の創始者として輝かしい位置を占めるに至った理由がある。スピノザもデカルトの著作、思想と深く関わり大きな影響を受けたが、スピノザ独自の立場から忌憚なく批判も行った。スピノザ自身の言葉として伝えられる「世間一般の哲学は被造物から始め、デカルトは精神から、私は神から始める」に見られるように、デカルトの精神即ち「思惟するわれ」に対し、スピノザの思想の中心は神にあって自己にはない。スピノザの思想は神中心であると言われる。あらしめられている存在としての自己を極小化していくことにより、なされていることを、いや増しにまして知らされるという感謝の構造と、この点においてもスピノザの思想は同じ構造を有しているように見える。しかし、スピノザの解する自己がいかなるものか、神中心のゆえに全く顧みられていないのか。もしそうであるとすれば、感謝の構造上、もはや、感謝として取り上げることは不可能となる（《……が》の欠落）。主著『エチカ』の表題がそれを許すとは思えない。自己について更なる検討を要する。

（1）澤瀉『医学概論』前出、265ページ。
（2）鎌田『華厳の思想』前出。192ページ。
柴山全慶『白隠禅師坐禅和讃禅話』春秋社、1974年。70ページ。「『行も亦禅、坐も亦禅、語黙動静体安然』これは一口に申しますと、……われわれの日常行為がそのまま坐禅だということであります」
岸本（『死を見つめる心』前出）もまた独自の宗教（岸本自身そう呼んでいる）による心の安定によって生涯を終えた。

⑷　自己について　―そのii―

スピノザ自身、自己（われ）について、明確に記していない以上、スピノザの思想の全体を概観して、スピノザの自己についての見方を推定するほかはない。スピノザの思想が哲学として結晶したのが、主著『エチカ』であるから、これによって考察を進めるべきであろう。

問われているのは、自己あるいは自我としての人間である。人間であってしかも、それが、自己とか自我とかいわれるのは人間一般としてではなく、各自的あり方をしている存在者としてであり、それ自身他とは異なったあり方をしている存在としてである。果たしてこのようなあり方をしている自己をスピノザの哲学のうちに見出すことが出来るであろうか。

人間についてのスピノザの基本的見解は、人間論ともいうべき『エチカ』第二部の「精神の本性および起源について」と、第三部の「感情の起源および本性について」において詳説されている。

第二部の論述に先立つ定義に次ぐ公理において、その第一に「人間の本質は必然的存在を含まない」と掲出し、それを言い換えて、具体的に「このあるいはかの人間が存在することも存在しないことも同様に自然の秩序から起こりうる。[1]」と、説明している。このあるいはかの人間こそまさに独自的あり方をしているそれぞれの人間を指すものにほかならない。スピノザの、哲学者としてのスピノザの、目が個々の人間の上に注がれていたことを端的に示しており、『エチカ』第二部公理への意味は重い。更に、個々の人間について、それが公理として扱われていることが注目を引く。公理である以上、それ自体何らの証明を要せず、自明のこととしてあるいは論理として無条件に妥当すべき、いわば真理として提示されていることを意味する（もし公理に異論が立てられるならば全く異なった公理系よりなる学説の主張となる)。このあるいはかの人間が存在することもしないことも自然の秩序から起こりうる、というこの基本命題の受け止め方、理解の仕方あるいは理解の深さのうちにすべての人間論あるいは世界観の根本姿勢を窺い知ることが出来ると言っても過言ではないであろう。当然それに対応して倫理および宗教の特色もまた現れてくる。形而上学的有り難さを感謝の基本構造における根底的要素とする本論文の立場からは、この公理の持つ意味は決定的に重要である。とは言え、直ちにこの命題を肯定するものではない。むしろ、ここに到ってスピノザの思想とこれまで述べてきた感謝の思想とが明確な対立を示す予感をさえ抱かしめる。それはさておき今しばらくスピノザの思想における自己を追求することとしよう。

人間の本質は必然的存在を含まない。本質が存在を含むのは実体としての〝神〟のみである。スピノザにおいて実体は唯一であり人間はその属性の変状的様態である。必然的存在ではなく偶然的存在であるが自然の秩序の中にある。神即自然であり、神に偶然はなく、人間の本性を凌駕する外部の原因の影響を受ける人間の存在は偶然的である。この基本的な人間理解が一般世人の人間観と相容れない(それは同時に神に対する考え方の相違である)ため、スピノザは自らの論理を駆使してこれが説得に努める。[2] そのための最も有力な方法としてスピノザが考えたのが幾何学的秩序による論証であり、一大体系書が『エチカ』であるといっても過言ではあるまい。ことほどさように第二部公理冒頭の一句の意味は重い。

もっとも、公理である以上、これを基礎付けている理論を求めることは無意味であるように思われるが必ずしもそうではない。第一部定理7「実体の本性には存在することが属する」にその根拠を求めることが可能であり、更に、この定理の証明が示しているように、その究極の論拠は実に『エチカ』全体系の冒頭の一節、第一部「神について」の定義I「自己原因とは、その本質が存在を含むもの、あるいはその本性が存在するとしか考えられえないもの、と解する。(3)」に帰着する。スピノザの人間論が神の思想のうちに深く根差していることを知らされる。と共に、『エチカ』の緊密な論理体系をうかがわせる。また同時に、このことは執拗に一般世人への批判と攻撃の姿勢となって現れる。その点からみると、常に同じことの繰り返しの印象を与えかねない。スピノザ自身これを気にしており、世人の偏見の強さと、容易に迷信に赴きがちな点を指摘している。『エチカ』の各部において、特に備考において、このような指摘が多くなされていることは、むしろ、『エチカ』に親しみを与え、同時に理解を容易にさせている。しかし、よく検討してみると、備考における表現は、本文中における論理的記述とは異なり（それ故親しみ易さを与えているのであるが）、より純然たる幾何学的体裁の立場からすれば、この種の備考は不整合の譏りを免れないものと思う。

多少煩を厭わずスピノザ独自の自己についての見解を挙げてみる。

個々の人間は「このあるいはかの人間」であり、それらは自然の秩序から生起する。スピノザの目はどこまでも自然必然に注がれている。自然必然における因果の連結である。個々の存在はこの因果の連結の一環をなすに過ぎない。しかし「因果の一環」論をもって個々の存在即ち個物（体）についてのスピノザの思想と断定し去ることは早計である。むしろ次に述べる定義に、スピノザ独自の個物（体）観が現れているという指摘もなされている。「個物とは有限で定まった存在のことと解する。」と個物の本質が存在を含まないことをさりげなく述べた後、「もし多数の個体〈あるいは個物〉がすべて同時に一結果の原因であるようなふうに一つの活動において協同するならば、私はその限りにおいてそのすべてを一つの個物とみなす。」確かに、組織的系統を有する生物体あるいは社会および国家についてみるとき、興味ある見解であるが、当面の問題としては其処にとどまるわけにはいかない。即ち、スピノザの個体観はその関心するところ個々の人間にはなく、それ自体たとえ独立した存在であってもなお、それ自身を構成する独立した存在要素として成り立つとともに、またそれ自体がより大きな集合体を有機的に構成する一要素となる存在として規定されている。つまり、スピノザの目は、このあるいはかの人間に注がれているが、独自の存在としての自己の上に定着してこれを凝視することのないように見受けられる。スピノザの関心は人間の本質にあって人間の存在にはない(4)。その理由を述べるとまた同じ証明の繰り返しになるのでやめるが、興味を引きそうな事例(5)を挙げて例の通り辛辣な警句を吐いている箇所があるので触れておく。屋根から石が落ちて、その下を通っていた人を死なせた場合、それを神の意志による目的のせいにしている者がいる。その理由は、多くの事情が偶然輻輳し得たのであり、神の目的意志によるのでなければ、そのような偶然は到底起こり得なかった、と言うのである。風が吹いた時にちょうどその下を通りかかった、という答えに対し、何故風が吹いたか、何故その時刻に通りかかったか、問いは、スピノザの言う無知の避難所、つまり神の意志に逃れるまでやむことはない。スピノザは、この論法を帰謬法ならぬ帰無知法と呼んでいる(6)。多少引用が長くなったが、ここで問題にしたいのは、神の自由意志についてではなく、人間の存在についてである。スピノザの思想における個々の人間としての自己についてである。スピノザの思想においては要するに、人間の存在はそれを凌駕して働く外部の原因の影響を受けるため明瞭判然たる十全な観念を持つことが出来ず、学の対象たり得ないことによるものと思う。たとえば、自然の中に20人の人間が存在したとして、何故20人の人間が存在するか。人間の本質から20人の人間を導き出すことが出来ない以上、これに答えることは出来ない。つまり、人間の本質は存在を含まない。まさに、このあるいはかの人間が存在することも存在しないことも同様に自然の秩序から起こり得る。

以上述べた人間的自己についての見解は、いわばスピノザの思想の一面、特に『エチカ』の前半の一部を語るに過ぎない。倫理あるいは宗教を主題とすれば個々の人間の在り方が最も先鋭的に問われることとなる。更に、細心の注意をもって『エチカ』に目を走らせることにしよう（既に『短論文』の巻末にその予告がなされている。つまり、自己意識の登場である）(7)。

現実的人間存在は心身を離れてはありえない。『エチカ』第二部の主題は心身である。人間論と呼んだ所以である。第一部が形而上学といわれ実体あるいは神の存在と認識が主に説かれているのに対し、第二部においては人間の存在と認識が説かれている。したがって第二部は人間論であると共に認識論でもある。当然、自己について問われることとなる。この意味において引用を重ねてきた第二部公理1の意味を改めて問うこととなる。このあるいはかの人間が存在することも存在しないことも同様に自然の秩序から起こり得る。スピノザの人間存在についての基本的枠組みはここに決定している。因果法則による機械的決定論であり、公理として即ち万人の承認せざるを得ないものとして磐石の重みをもって迫ってくる。この上さらに人間存在について、たとえそれが個々の人間であるにしても、なお問いを重ねる意味があるのであろうか。

人間は自然の秩序の中にある。しかし、人間にとって自然の秩序は外的原因であり、人間の本質には含まれていない。したがって、人間論としては、人間それ自身の立場から人間を問わなければならない。もとより、神中心のスピノザの思想において人間それ自身の立場に立つといっても其処に自ずから制約がある。というより、神を根底に据えての人間論であることは断るまでもない、とは言いながらも、なお微妙な変化のあることを見出さないわけにはいかない。神中心から人間中心への移行である。

人間は思惟するものである。思惟する物であるres cogitansから精神によって形成される精神の概念が観念である、とスピノザは定義する。

精神は唯一の実体である神の属性としての思惟の変状的様態である。その起源を神に有する。しかし、現実における人間精神が観念として有する最初のものは自己としての身体についてである。人間の身体もまた神の属性としての延長の変状的様態である。属性を異にする以上、スピノザにおいて身体と精神とは峻別される。峻別されるが心身二元論ではなく、唯一の実体である神において統一されている。心身一元論の主張であり、心身平行論が説かれる。即ち身体の変状は同時に精神の観念の変状である。神なしに何ものもあり得ず、また考えられ得ない。すべてのものは神の中にある。心身の両現象は神の中に統一されている。スピノザはこれを端的に、公理として「我々はある物体［身体］が多様の仕方で刺激されるのを感ずる」と記している。心身問題はデカルト哲学のアポリアである。スピノザは難なくこれを克服しデカルトを痛烈に批判する（もっとも『短論文』においては、デカルトの影響を抜け切っておらず、動物精気による心身の相互作用を説いている）[8]。もとより、心身を巡る両説の可否は当面の問うところではない。注目しなければならないのは断るまでもなく、自己あるいは自己意識の問題である。これを求めて追求してきたcogitoの問題である。既に記したようにスピノザはこれを公理として提示し、さらに、「あるいは他面から言えば我々は我々が思惟することを知る」と付言している。公理とは言えこれがデカルト哲学の発展途上にあることは明白である。公理として提示したのは、思索の労をとるまでもなく万人周知の事実というわけであろう。従って自己あるいは自己意識などというものは取り立てて主題とする必要をスピノザは考えなかったと見ることも出来る。存在論の立場から、このあるいはかの人間の存在が学の対象になり得ないとすると共に、自己意識を自明の事実として、それなりの位置づけを与えたとも考えられる。

このような公理系に立って倫理あるいは宗教についてのスピノザの主張する学説がいかに積極的意味をもち得るかが問われる。

「精神は身体の変状［刺激状態］の観念を知覚する限りにおいてのみ自分自身を認識する」[9]

定理に表された自己意識の表明である。スピノザにおける自己意識がこのような形で述べられていることに注目したい。自己認識は反省的観念（een weerlseerige Idea）として『短論文』の末尾に記され、論考を将来にゆだねている点については先に触れたが、精神は先ず身体の知覚を介して精神自身の認識に到ることを『エチカ』において定理として明確に示している。さらに「観念の秩序および連結は物の秩序および連結と同一である」という周知の命題の示すように、精神の観念も精神が身体と合一しているのと同様の仕方でその対象即ち精神自身と合一している。このことは、精神の観念即ち観念の観念は観念の形相[本質]にほかならないのであり、ある人があることを知れば、その人はそれによって同時に自分がそれを知ることを知り、また同時にそれを知ることを知り、このようにして無限に進むことから明らかであると説明している。此処に豊かな自己探究の端緒が、示されている。もとより感謝の構造論の立場からこの問題に触れる必要はなく、更に、スピノザの思想における積極的な人間論による自己を求めて進むことにしよう。

自己の意識あるいは観念は自然状態においては存在せず、国家の形成において初めて出現したと見ることも出来る。もっともスピノザは自己意識あるいは自己観念などという表現はしていないが、「自然の中にはこの人に属してかの人に属さないなどといわれるような何ものも存しない」のであり、「すべての物がすべての人のものである」自然状態のもとにあっては、自他の意識は生じようがない、と解すべきであろう。この意味において、自己意識が近世近代以降に顕著になった理由を、自然状態を前提として展開された近世思想からも知ることが出来る。要するに、スピノザもまたその思想の圏内にある以上、神中心の思想と言われるが、他方、自己に対する鋭利な目を、特に感情論を通して向けていたとも解することが出来るように思われる。この点に思いを馳せると、往々にしてスピノザの哲学全体から見て軽視されがちな第一種の認識のもつ意味がまた異なった側面から重要性を帯びてくると言えるのではなかろうか。

『エチカ』の全体を概観して強く感ずることの一つに、自己原因としての神とそれ自身一つの起成原因である人間とのいわば二極的動力源によって、全体系がダイナミックに構成されていることがある。人間を根底から動かしているもの、それは、感情である。感情において初めて現実存在としての人間的自己に直面する。

何ものも欲せず、喜びもせず、悲しむこともない、たとえそのような人間が存在していたにしても、人間らしい人間、即ち真に現実的な人間、社会生活を営んでいる人間、と呼びはしないであろう。それどころか、感情によってこそ、人間は、自己の存在を現実のものとして、強烈に意識するであろう。

スピノザは、喜び・悲しみ・欲望の三者を基本的感情と呼んでいる。感情の起源については、自己の有に固執しようとする努力conatusおよび身体の活動能力の増減あるいは促進と阻害によって、説明されるとしている。即ち、この努力が精神だけに関係するとき意志と呼ばれ、精神と身体に関係するときには衝動と呼ばれる。この衝動に意識が伴ったのを欲望とスピノザは呼んでいる。また、身体の活動能力の増減・促進阻害するものの観念は同時に精神の思惟能力を増減・促進阻害する。このように、精神は身体の変化を受けて、より小なる完全性からより大なる完全性へ移行し、また、より大なる完全性からより小なる完全性へと移行する。前者は喜びであり、後者は悲しみである。共に受動としての精神であるが、これが同時に身体と関係するとき、前者は快感あるいは快活と呼ばれ、後者は苦痛あるいは憂鬱と呼ばれている。自己の有に固執しようとする努力は無限な時間を含んでおり、いかなるものも外部の原因によってでなくては滅ぼされることが出来ない。精神は明瞭判然たる観念を有する限りにおいても、混乱した観念を有する限りにおいてもこの自己の努力を意識している、とスピノザは説いている。更に、衝動を人間の本質そのものとする主張のうちにスピノザの人間観の特色を読み取ることが出来る。衝動は自己の維持に役立つすべてのことがそれから必然的に出てきて結局人間にそれを行うようにさせる、人間の本質そのものにほかならない、というのである。一般に、衝動というと盲目的なものと見なされがちであるが、スピノザはそのようには解していない。人間の本質そのものである衝動の根源がconatusである。[10] もちろん、あるものはすべて神のうちにあり、神なしに何ものもあり得ずまた考えられ得ない以上、conatusもその例外ではあり得ない。神の属性の様態であり、存在し活動する神の能力を一定の仕方で表現するものである。ここにダイナミックなスピノザの思想の一面がある。人間特に感情の論述において、神は背景に退き、conatusを動力源とする心身一体の人間的世界が展開される。衝動の肯定はスピノザ独自の倫理説に導く（善であるがゆえに欲するのではなく、欲するがゆえに善である。）自己保存の努力は徳の第一かつ唯一の基礎である。感情は既に記したように身体の変状［刺激状態］あるいはその観念であるが、受動と能動の別がある、それは我々が妥当な原因であるか否かによる。更に、第四部において、精神の努力mentis conatus、認識しようとする努力intelligendi conatusを有徳とし、理性によって導かれると説いている。此処で注目したいことは、感情論を軸として、神中心から人間中心へとさりげなく転換していることである）。要するに、スピノザにおける自己あるいは自己意識は、それ自体を主題とすることはないが、第一に身体の観念としての意識を精神が持ち、そのことによって精神が自己自身を意識していくという構造をもっていることがわかる。従って身体と深く関わる感情に基礎を有するところより、スピノザの思想における自己あるいは自己意識は、感謝の考察を進める上においてきわめて重要であるということが出来る。これをこれまでの考察全体の上から見ると、この人間あるいはかの人間があることもないことも自然の秩序から起こり得るといういわば存在論の立場では問題となり得なかった人間的自己の問題は、この人間あるいはかの人間の本質もしくは本性を問う立場（感情論はそれを最も鮮明に照射する）において初めて意味を持ち得たというべきであろう。

（1）『エチカ』前出、（上）95ページ。E. II, Axio. I: II. p. 85.（Hominis essentia non involrit necessariam existentiam, hoc est, ex neturae ordine, tam fieri poteat, ut hic, & ille homo existat, quo am ut non existat.）

（2）『スピノザ往復書簡集』畠中尚志訳、岩波文庫、１９７２年。89〜１５４、１５７〜１５９ページ。「書簡」18〜24および27。ブレイエンベルクとの交信は、スピノザと世人の考え方を対照させて興味深い。

（3）E. I. Def. I: II. p. 45.（Per causam sui intelligo id, cujus essentia involvit existentiam, sive id, cujus natura non potest concipi, nisi existens.）なおこの『エチカ』冒頭の定義のsiveについて、前半を存在論、後半を認識論を示すものとしそこに二重構造があるという問題提起を告げて、石沢要『スピノザ研究』創文社、１９７７年、論考をはじめている（siveを単純に「即ち」と訳する誤りをおかす）。５ページ、「序」も参照。

（4）『エチカ』前出（上）、44〜46ページ。II-pp. 50–51.

（5）同、88ページ。II. p. 81.

（6）同、E. i, Appe.: II. p. 80.（non ad impessibik, sed ad ignorantiam:）

（7）『短論文』、前出、２２０ページ。（最後に、我々は今や感覚の何たるかを説明したから、我々はこれから如何にして反省的概念〈een weerlseerige Ideal〉即ち自分自身の認識［自意識］、経験及び推理作用が生ずるかを容易に知り得る）

（8）同、１７６〜１８１ページ。

（9）『エチカ』（上）、前出、１２７ページ。E. II, Prop. 23: II. p. 110. 研究者の等しく注目する定理である。（Mens se ipsam non cognoseit, misi quatenus Corporis affectionum ideas percipit.）竹内良知『スピノザの方法について』第三文明社、１９７９年。42ページにおいて「人間の精神は身体の存在なくてあり得ず、身体の存在は、外部の諸事物の存在の観念、或は知覚なくしてはあり得ない……身体の存在とはこのaffectioの事実にほかならない。……心身合一としての自己とは、このようないわば経験の事実としての意識にほかならない」と、自己をこの定理より説明している。

（10）『エチカ』（上）、前出。第二部定理7および定理9の備考より。（１７７、１７９ページ）

⑸ 神について

神に対する知的愛は神を愛することである。神を愛することとは神が神自身を愛することにほかならない。スピノザにとって神への愛は神自身への愛となる。此処にスピノザ哲学の端的な表明がある。神中心の思想であれば、神に対する愛は神自身の愛とならねばならない。すべてあるものは神のうちにあり、神なしに何ものもありえず、また考えられえない。神に対する愛は神に対するものが何であれ究極するところは、神が神自身を愛することにほかならない。いわゆる汎神論の立場から言えば、ことさら取り立てて言うまでもないことである。従って汎神論を無世界論と解する立場からするならば、神に対して自己は自己を失い再び還らぬものとみなされよう。スピノザにおける神中心の立場からするならば、自己は神に対することによって自己を失うと解すべきであろうか。むしろそれに反して、自己は本来の自己へと覚醒し、自己本来の立場に立つことが可能になったと見るべきではあるまいか。

即ち、神に対する知的愛は本来の自己としての神が神自身を愛する神の自己愛と言うことが出来るのではあるまいか。神は唯一の実在するものである。すべてあるものは神の属性の変状としてある。おのおのの自己は神の変様にほかならない。神が自らを愛するということは神の変様としての自己が自己自身を愛することとなる。ここにおいておのおのの自己は、神において、愛の本源としての神において、愛を共有することとなる。神に対する愛はまたおのおのの自己がおのおのを愛すると同じように、他のおのおのの自己を、愛の共有の場としての神において愛する。神が自己自身を愛するとは、ほかならぬ神の変様としてのおのおのの間における愛である（倫理はかくて宗教によって基礎付けられる）。

神に対する愛はスピノザにおいては知的愛である。何ゆえ愛は知的でなければならないのか。この問いは、スピノザの思想についての無理解を示している。しかし、知と愛との関わりを考察しようとするものにとっては、格好の資料を提供する。今はそれにこだわらずスピノザの立場を理解し深めていくことにしよう。

神に対する愛が知的であるのは愛の定義によって明確に答えられる。愛は原因の観念を伴える喜びである。(1) ここにはスピノザ特有の思想を容易に読み取れるものがある。言うまでもなく「原因の観念」である。スピノザにとって、愛は何ものかを求めることではない。目的としての愛は説かれていない。単なる欲求としての愛ではない。充足を求めての作用ではない。何かを目指して飛翔していく愛ではない。もとより愛は一つの志向作用である以上、目的のない愛を考えることは出来ない。それにも拘らず愛を、目的を充足せしめる作用、あるいはその観念とすることなく、原因を伴える観念として、原因を強調し原因に着目せしめるところにスピノザの思想の特色がある。

原因の観念を伴える喜びが愛である。神に対する知的愛における原因の観念について、さらに論及を続けてみよう。一体、この場合原因とは何を指しているのであろうか。言うまでもなく神である。神に対する知的愛とは原因としての神の観念を伴った喜びであり愛である。というより簡明には神の観念を持つことが即ち神に対する愛なのである。神の観念を持つこと、問題はかかってこの一点にある。信仰における宗教とスピノザ自身の宗教とを明確に分かつものこそ神の観念の一点に帰する。スピノザ自らスピノザ自身の宗教書と称する『神学・政治論』において、信仰による宗教を鋭く批判した。批判はスピノザ自身の宗教的立場からなされた。この宗教批判のもつ意義は重い。あえて言えばスピノザの生涯を賭したものがそこにある（いかなる神の観念を持つか、神とは何か、この神の前に頭を下げることが出来るのか、この神には絶対従うことが出来ない。神事に関する形式的なことの意味は一体何か、それらを尊重し、それらに従うことが出来るのか……）。スピノザにとって宗教は全生活、全生涯を規制するものであった。スピノザは一見世俗の宗教を批判したところより、宗教を否定したように見えるが、スピノザ自身の立場から、むしろ純粋な宗教の立場を堅持して生涯を終えたということが出来るであろう。

スピノザの神は絶対無限の実有である。神の観念を持った状態は、これを端的にスピノザ自身の表現をもってすれば、永遠の相のもとにおける認識、ということになる。[2]スピノザはこれを第二種および第三種における認識であるとしている。特に第三種の認識を重視する。永遠の相のもとにおける認識が自ずから喜びを生じせしめる。その喜びが愛にほかならない。それは永遠の相のもとにおける自己の自覚である。自己が本来の自己へと立ち返った状態である。本来の自己の自覚とは、神なくしてあることも考えることも出来ないありかたをしていたものが、無自覚態から自覚態へと転換したことを意味する。自己をかくあらしめている神の認識である。おのおのの自己が神において本来の自己へと立ち返ることによって、万象は神の顕現として輝き渡る。神が自己自身を愛するとはこのことにほかならない。人これを呼んで神秘主義と言う。まさに、神の知的愛は神秘的体験として究極する。宗教の極地は神秘的体験にほかならない。その境地にあるものは一切の表現を失う。いわく言い難いその境地を表そうとすれば、唯に感謝と言うほかはない(3)、とはこのことを意味する。

おそらく宗教といわれるものにして、この境地に触れぬものはないであろう。知性の宗教と呼んできたスピノザにして且つ然り、の感が強い。もっとも、スピノザの思想に影響を与えた先行の諸思想については、序論において触れた通りである。その点を看過するものではない。しかし、生涯を賭して完成せしめた主著『エチカ』の最も重要な最終章が単なる借り物であるとは何人も思うまい。事実スピノザの年来の最大の関心事は『エチカ』第五部の後半において達成され、全巻が終結する。それが、第三種の認識による永遠の相のもとにおける神に対する知的愛(4)として要約される宗教論であることは、今更指摘するまでもない。肝要な点は神に対する知的愛において、自己が本来の自己へと還帰することである。本来の自己への還帰即ち無自覚態から自覚態への転換において感謝が体験される。

神のうちへと立ち返った本来の自己の神に対する愛は、神が神自身を愛する神の自己愛にほかならず、宗教において体験される言表すべからざる神秘的境地である。もとより、本来の自己の神における神秘的体験について、スピノザ自身明確に記しているわけではない(断るまでもなく、感謝の構造の立場から論じている)。スピノザの本来の関心事と合わせてこの点につきさらに考察を深めてみよう。

スピノザの年来の関心事、それについて『知性改善論』冒頭の一文が感慨深く述べられていることは周知の事実であり、スピノザの宗教を論ずる上から決定的とも言うべき重要性を有するところより、再三その点に触れてきた。

第五部定理42備考をもって『エチカ』は完結する。感情に対する精神の能力および精神の自由について、示し得ることをすべて終えたとした上で、自己・神・ものを永遠の必然性によって意識し、決して存在することを止めず、常に精神の真の満足を享有していると して、賢者を讃《たた》えている。この定理および証明ならびに備考を詳細に検討すると興味深いものがあるが、当面の問題として、感謝の構造の立場から二点を指摘しておきたい。一つは、賢者は常に精神の真の満足を享有している、というまさにここにこそ、即ち、常に変わることのない、しかも、真の満足の享有こそ『改善論』冒頭に述べられた願いであった。感謝も、それが真の感謝であるならば恒常的にして真の満足を享有している。常に存在することを止めないのは、精神が受動ではなく能動の状態にあることを意味している。感謝もまた外部の影響によるのではなく自己の内心より発して、いかなるものにも感謝し得るという能動的状態にあるのが真の感謝である。無知者については既に触れたことがあるが、ここでスピノザの言う無知者とは、自己・神および物を意識はしているものの永遠の相のもとに認識していないというのであるから、感謝の立場からも問題とすることは出来ない。賢者は自由の人であるから相互に最も感謝的であるが、永遠の必然性によって、自己・神・物を意識している、つまり永遠の相のもとに知覚しており、宗教的な感謝の体験をしているものと考えられる。

第二点は持続の相と永遠の相という見方をした場合に生ずると考えられる問題である。永遠の相のもとにおける認識は、いわば持続の相においての認識とはかかわりがない。自己の存在感、かくあるということの絶妙の不思議さ、形而上学的ありがたさは持続の相なくしてはあり得ない。もちろん持続の相のみでも、単に形而下の現象に過ぎないものとなる。知的愛のもつ愛に関わる問題として残る。

（1）『エチカ』（上）前出。183ページ。E. III, Prop. 23,5 did.: II. p. 151.（hempe Amor nihil aliud est, quam Laetitia, concomitante idea causa externa, ...）

（2）同（下）、125～127ページ。第五部定理30、32証明および備考。永遠の相のもとに：sub specie aeternitatis.

（3）波多野精一『波多野精一全集　第四巻』岩波書店、1949年。277ページ。

（4）『エチカ』（下）前出。127ページ。第五部定理32系。E. V, Prop. 32. Corol.: II. p. 300.（Ex tertio cognitionis genere oritur necessario Amor Dei intellectualis.）

3）感謝の実践において

感謝はなされたることを知るにある。先ず他からなされたことを自ら知るところに始まる。なされたことは謙虚な態度をとるに応じてますます大きなものとなる。いかに多くのことがなされているか、反省を重ねるとすべてがなされたことであり、なし得ることのいかに微々たるものであるかに驚かされる。人間が自然的存在であり社会的存在であることを知らされる。Natura naturataであり、受動的存在として生を享け生を終える。なされたることが感謝の念を呼び起こし、知ることそのことが感謝となる。[2] 感謝において人間の有限性と受動性を痛いほど知らされる。人間が本性上負い目ある存在であることを感謝はその構造より明確に示す。

このような構造をもった感謝であるため、意識的あるいは無意識的にそれを避けようとする傾向が人々にはある。[3] 特に自我の独立と自由を強調し最大限それを生かそうとする社会に生活しているものにとって、負い目ある自己の存在は耐え難い。負い目を解消する方向へと進むことは時代とともにますます強くなっていく。負い目構造の内に関わることを避けようとする工夫がなされる。スピノザの思想において、感謝は当初あまり重要視されなかったのも納得される。人間を弱者の立場、自らを卑下する状態あるいは隷属の状態や立場におくことは、スピノザの哲学からは帰結しない。謙虚（humilitas）を徳としない理由もここにあり、それを自己の無能力の観想にありとしている。これに対して、自己満足を我々の望み得る最高のものとして位置付けている。もっとも、スピノザの場合humilitasに対するのはsuperbia即ち高慢であり、ともに自己に関する無知と無能力の表示であるとしている。この意味においてhumilitasに謙虚あるいは謙遜の訳語を当てるのは適切ではなく、自劣感・自卑などが用いられている。[4] 高慢が無能力であるというのは精神における受動即ち原因を外部に持っていることにより常にその影響を受けていることによる。スピノザは高慢な人間はあらゆる感情に支配されているが、愛と同情からはもっとも遠いとしている。なお、自卑的な人間は高慢な人間に最も近いとして、鋭い人間観察をしている。問題は感謝と謙虚との関わりである。既に両者の関係については述べてあるので、実践の立場からいささか触れておくこととする。

「自由の人々のみが相互にもっとも感謝しあう」と、スピノザは倫理学の実践即ち人間相互の間における行動について『エチカ』第四部定理71に記し論じている。この点についても既に論及してあるが、いま特に取り上げたのは、神とのかかわりにおいて見ようとするからにほかならない。

感謝の構造の示すように、人間は負い目ある存在である。自由の人といえどもその例外ではない。互いに負い目を意識し自覚するところに人間相互の間における行動が成り立っていく。この行動が取引的性格をもたず純粋に唯他のためにのみ行われるのが、自由の人々の間における行動である。かかる行動がもっとも感謝的であると、スピノザは言う。感謝は人間相互の間にのみ限定されたものであろうか。

スピノザは答えない。そもそも問いのないところに答えのある筈がない。スピノザは感謝について、宗教の立場から論じていない。少なくもスピノザ自身、自己の宗教の立場から、感謝について強い関心を持っていたとは思えない。しかし、そうであるからといって全く無関心であったということは出来ないであろう。また、無関心ではないが感謝を自己の宗教観から消極的に、あるいは低く見ていたと断定することも早計に過ぎると言わねばなるまい。

自由の人々のみが相互に最も多く感謝しあう、ということは、人間の本性についての深い洞察によるものであろう。ほかならぬそれが負い目ある人間存在の構造に由来するものである以上、単に人間相互の間においてのみ感謝が問題になるとは思えない。むしろ、最大なる負い目としての自己自身について、これを賜ったことに無知無関心でおられぬところにこそ自由なる人の本領があるといわねばならないのではなかろうか。その意味から言えば、神に対する知的愛の第一に掲げられるべきは、自己の始源に関する知識であり愛である。それが謙虚であり感謝であることは、感謝の構造より見て容易に指摘できるであろう。スピノザの説く自由の人の感謝における行動は、謙虚について、感謝について、スピノザの表現を超えて考察を深めしめる。

賢者即ち自由の人の行動において、徳の報酬はそれ自体が報酬であると、スピノザは説いている。(5) この有名なスピノザの倫理説もまた、スピノザの説く感謝を理解することによって一層容易に納得がいくであろう。自由の人々が相互に最も多く感謝しあうのは取引的でないからにほかならない。まして、自由の人が神に対するのは神と取引をしようとしてのことではあるまい。事実、スピノザは民衆の信仰を非難する場合、擬人化した神との取引的報いを挙げている(スピノザのこの種の説明は極端な例を民衆として一般化しているきらいは否めないが、いかにも無知な民衆という印象を与える。民衆の道義心や宗教心というのは、神からの報酬の期待あるいは希望と、死後、神による責苦の罰の恐怖の故に、神の法に従うように導かれている。民衆にとっての神は君主のような絶対の権力者として擬人化されている）。自由の人々即ち賢者は、道義心においてまた宗教心において、民衆のような希望や恐怖を原因（動機）とするものでない。真の感謝もまたこの点において全く変わるところがない。感謝が神に対する知的愛であると想定せしめる理由は、単なる取引的レベルの立場から見ての上ではなく、これまた、感謝の構造の実践的側面が明白に示すように、利害打算を超えて、真摯《しんし》に己を尽くすとき、そこに一種名状すべからざる状態が現成する。隠され秘められていた己の力の発現であり、尽くしてきた対象がいよいよ真実の姿をもって立ち現れてくる。このとき表現することの出来ない感謝の念が自ずからわいてくる。

己を尽くすあるいは尽くすことができるという徳は、ここにおいてそれ自身測り難い報酬となって報いられている。神に対する知的愛とは即ち徳であり、それ自身が報酬であるところの徳である。徳の報酬が徳であるとき、そこに無限の感謝が感得される（取引的感謝は取引の終了と共に消去する）。己を尽くす徳、それによってもたらされる感謝、それらは単純な理解の域を超えて実践によってのみ体得される徳であり感謝である。これらはまた、スピノザの説く道義心と宗教心、即ち、精神の強さに帰せられる。徳の報酬は徳であると共に感謝である。感謝の構造がそれを示す。神に対する知的愛が運命愛と深く関わることもまた、精神の強さとそれに伴う感謝において容易に理解することが出来るであろう。感謝の構造の示す謙虚こそ、これを可能ならしめている。謙虚は決して弱者の倫理ではない。微笑をもって運命を受け容れ、これに耐えるところに喜びを見出す。まさに強者の倫理にほかならない。強者の倫理は、賢者の倫理である。感謝の構造の示す謙虚はスピノザの説く徳にほかならない。スピノザの謙虚説は運命愛において、また宗教において、即ち、神に対する知的愛において見直しを迫られていると言うべきであろう。

受け取る感謝から与える感謝へと、感謝が一段と高められることについては、感謝の構造において指摘したところである。感謝は実践においてその面目を発揮する。なされたることの自覚はなすことの自覚となって新たな展開を見せる。ここにおいて、なすことは利他行にほかならない。なされたることの自覚がなすことへと打ち返していくところに感謝のダイナミズムがある。受動から能動への転換、ここに、感謝はさらに一段と高められた感謝へと移行する。なされたることからなすことへ、なすことの可能性を秘めた力を持っていることへの感謝である。高められた感謝はまた報謝と呼ばれる。たとえどのような些細な行為であっても報謝は可能である（ベッドに固定されて身動きの出来ない病人であっても、微笑み返すことは出来る。まして、〝ありがとう〟と唇を動かそうと努力している、そのかすかな声とはならない唇の動きを解読した瞬間、看取る者の背筋を走る感動、受けた感銘を臨終の場面として、聞く者にも同じような感銘を与えずにはおかない）。報謝は奉仕である。報恩行である。即ち、感謝は単なる返報ではない。それを奉仕とは言わない。いささかも己を介在せしむることがない、つまり、真に己を無にすることが出来てはじめて真の奉仕が可能となる。この可能性を現実に生かす喜びこそ受動から能動への転換であり、能動的積極的感謝へと高まっていく。受け取る感謝から与える感謝へ。まさに隣人愛であり利他行である。奉仕がそれを可能にする。神への知的愛において、おのおの人が本来の自己へと還帰した神を共有の場として、真の隣人愛は可能となる。それは、神が神自身を愛することにほかならず、スピノザにおける理想国であると言って過言ではなかろう。かくて、自由の人々のみが相互に最も多く感謝しあう、という人間相互の間に見られる感謝は、神に対する知的愛という、いわば宗教的感謝によって基礎付けられていると解することも出来るであろう。

真の感謝は〝ためにする〟感謝ではない。徳はそれ自身が報酬であるというスピノザの思想と軌を一にする。神に対する知的愛は、その表現からして実践的であるより観想的印象を与える。しかし決してそのようなものでないことは、折に触れて、スピノザが強調して止まない精神の強さ逞しさのうちに、また運命愛のうちに、さらに、何よりも『エチカ』全巻の結びのあまりにも有名な言葉のうちに歴々として表明されているところより明

らかである。(6)

（1）門脇佳吉『道の形而上学』岩波書店、1990年、255ページ。

「何も持っていないということの幸福感であった。現在の日本のように物があり余っているところでは、高額な贈り物をもらっても、あまり有難いとは思わない。ところが彼は何も持っていなかったから、少額の施しをもらっても、彼にとってはそれは黄金のように貴重なものになる。それで彼は大切な命をつないでいけるのだ。これほど有難いものはない。」「すべてを放棄し、己をも棄てて、日々十字架を担って、イエスに従うことである。」

（2）「謙虚」については、ゲーリンクス（Arnold Geulincx, 1624–1669）の説が詳しい。桂壽一『デカルト哲學の發展』近藤書店、1948年、105ページ。「humanitasが徳の核心」

「知ること」の意味の深さを思わねばならない。「知ることとそのことが感謝」とは直截に言えば、知りたいという欲求の程度による。その欲求が強大であればある程それに応じて感謝も深まる。いってみれば感謝は飢餓あるいは感謝涸渇状態に知があることである。ここにも、単なる認識としてではなく、実践におけるあるいは体験における知の相が示されている。謙虚もまた一種の感謝飢餓状態ということもできよう。「米菜等……打得し了って之を護惜すること眼睛の如くせよ。」（曹洞宗教学部編『永平元禅師清規』曹洞宗宗務庁、1972年、5ページ）

感謝飢餓状態は日頃の教育によっても養われるが、意図して作り出されたものより、ふと気付かされたときに生じた感謝がおそらく最も大きな影響力を持つものと思われる。その気付かされたときの状態が深刻であればある程それは大きなものとなる。

（3）負い目もまた一種の感謝飢餓状態と見ることができる。負い目はこれを解する立場によって、その受け取り方も異なる。宗教的立場においては、これは避け難いものとされようが、人間相互の間において、社会的存在としては、これまた避け難いといわねばならない。しかし、負い目という言葉自体の与える印象として、負い目を負うということは決して好ましいことでも喜ばしいことでもない。本来的には負わずにおりたいものであり、また負ったものはなるべく速やかに返しておきたいところであろう。負い目のもつこの構造が感謝、特に恩の思想と深く結びつき封建時代の政策、倫理に活かされたと考えられる（宗教もまた封建社会に果たした役割をこの面から批判する研究がなされている）。近代人が負い目構造から逃れたいと意識することは啓蒙思想の影響上当然と見なされる。今日の医者と患者の関係に見られるパターナリズム批判などもそのようなものとして捉えることも出来るであろう。感謝の構造の立場から負い目は興味ある課題である。

（4）自卑はobjectioで謙虚（遜）humilitasと分けて、スピノザは論じている。『エチカ』第三部諸感情の定義26で謙遜とは「人間が自己の無能力あるいは弱小を観想することから生ずる悲しみ」としている。これに対して自卑は定義29で「悲しみのために自分について正当以下に感ずることである」とし、正当以下と強調している点が注目される。「観想される」ことと「感ずること」（contemplatur, sentire）に相違があるように見えるが、謙遜は自己満足（acquiescentia in se ipso）と比較され、自卑の方は高慢（superbia）と対置されている点より見ると、その違いはあまりないようである。また、自卑は謙遜より生ずると、スピノザは述べている。さらに道義心と宗教心の外観がつきまとうと、第四部付録第22項で記しているが、ゲーリンクスとは真っ向から対立する見解である。もっともゲーリンクスも積極的に卑屈になることを説いてはいない（桂、前出、１０５ページ）。前記自己満足などは、II. pp. 176–179.

（5）『エチカ』（下）前出、１３６ページ。E. V, Prop. 42: II. p. 307.（Beatitudo non est virtutis praemium, sed ipsa virtus）

J・モロー『スピノザ哲学』竹内良知訳、白水社、１９７３年、「『エチカ』の結論における一種の神秘主義を『宗教的意識における固有な諸価値が再興される』と説明している」（１１４ページ）。ここにおいてもスピノザの思想の実践的側面を看過してはならないであろう。

（6）E. V Prop. 42, S chol. II. p. 308.（Sed omnia praeclara tam difficilia, quam rara sunt.）

３ 結び

問いに発して問いに終わる。哲学の宿命と言うべきか。哲学と言われるものはなく、あるものは、個々の哲学のみである。また、哲学とは哲学することである、とも言われる。

神に対する知的愛は感謝といえるか。スピノザ自身の答えがない以上いかなる答えを出してみたところで、答えは再び問いとなって返ってくる。

神に対する知的愛が感謝といえるか、いえないか、いずれかに決することは一見容易に見えて必ずしも容易ではない。容易であるというのは、スピノザの見解によって（見解そのものではないが）宗教を信仰によるものと、知性によるものとに分けてみるとき、信仰による宗教は感謝を強調しているが、スピノザは信仰による宗教には批判的であることによる。しかし、その故に、神に対する知的愛が全く感謝に無縁である、あるいは、これに反するものである、とはいえない。むしろ、感謝の立場からこれを見ていくならば、さらに深く、神に対する知的愛について、これを解することが出来るようにさえ思える。そのような立場に出来るだけ立とうとして論じてみた。既に感謝の構造において記したように、ある行為、ある事象が感謝の表明であるか、否か、は当事者の言表あるいは慣習（外的形式）などの直接態のみにとどまらない。つまり、それらの評価あるいは見方に関わる、それ自体、主観的といわれればそれまでであるが、感謝の考察には、この点は不可欠である（動物の行動を感謝の表現とする例は枚挙に遑がない）。

神に対する知的愛は真の感謝である、と結論する方向へ向かって論及してきたが、言わば論点先取のきらいなしとしない。論述の出発点となったのが「至福」の一語つまり「常に精神の真の満足」（semper verā animi acquiescentia）をスピノザの哲学の到達点として把握していたからにほかならない。感謝のない至福はあり得るのか、考えられるのか。至福は、宗教において、それがいかなる宗教であれ、およそ宗教といわれるものの核心をなしているものと考えられる。感謝もまたその例に洩れるとは思えない。固より論じ尽くしたとは到底いえるものではない。問いは問い返される内容を孕んでいる。問うものの力量に応じて、また問われるものの内容と時代との関わりにおいて、繰り返し問われるであろう。

「神に対する知的愛は感謝といえるか」

第五章　回顧と展望

スピノザの思想における「感謝」について感謝の構造論を踏まえて、人間相互の間に見られる感謝より、さらに、宗教における感謝を探究しようとして論考を重ねてきた。スピノザ自身、自己の宗教を明確に、即ち宗教論として示していない。したがって先ずスピノザの宗教とはいかなるものか、またスピノザが宗教をどのようなものとして見ていたのか。これらを明らかにする作業から始めねばならなかった。

最初に逢着した問題は、スピノザの思想といわれるものに、宗教と呼べるものがあるのかないのか、という根本的な問題である。

スピノザの思想は見る立場によって、いろいろな見方がなされる。本論文の立場としては、スピノザの若年の頃に記された『知性改善論』冒頭の一節に、スピノザの宗教への関心の並々ならぬものがあるのを見出し、スピノザの宗教を積極的に肯定する根拠とした。さらに、スピノザ自身による唯一の宗教を論じた書としてスピノザ自ら称している『神学・政治論』の内容の検討を通して、スピノザの宗教の特色を探り、主著『エチカ』において完成されたスピノザの思想の総決算ともいうべき『エチカ』全巻の最終部分をもって、スピノザ自身の宗教の端的な表現とした。

即ち、スピノザの宗教の特色は、知性による認識であり、一般の宗教が信仰（それは服従を核心とする）によるのとは鮮明に対立する。さらに、スピノザの宗教はいわば強者の倫理に裏付けられており、生の積極的肯定と運命の甘受を特色としており、哲学・倫理・宗教が一体になっていることを論究した。

スピノザの宗教の端的な表現である「神に対する知的愛」が、感謝と言えるか否か。スピノザの宗教が明らかになった段階で、スピノザの宗教における感謝の問題は、このような問いの形式をもって問うことが可能となった。また、『短論文』から『エチカ』への思想の発展において、「感謝」の見方も、深められ、人間相互の間における倫理として、積極的に肯定されている点より、当然宗教においても、感謝は大きな意味を持ってくることが予想された。このような、スピノザの思想における感謝論を背景として考察を進めた結果、スピノザの宗教において感謝は、倫理を基礎づける重要な意義を有することを指摘した。即ち、神に対する知的愛は、神が神自身を愛することにほかならず、それは同時に、人間相互の愛が神を共通の場として有していることにほかならない。

スピノザの宗教の考察過程において浮上してきた問題に隣人愛がある。神に対する愛の具体化、実践は隣人愛である。自由なる人々の間における隣人愛は「感謝」であると断言しても過言ではないであろう（自由なる人にこそ相互にもっとも感謝的である。Soli homines liberi erga invicem gratissimi sunt, E. IV, Prop. 71: p. 263）。問題は、自由なる人々あるいは賢者と呼ばれる人々の間ではなく、自由なる人々と一般民衆、スピノザの表現をもってすれば、無知な人々との間における隣人愛の現実形態が問われる。スピノザの説くところは多分に技巧的である。当然、一般民衆の間における隣人愛も問題となる。『エチカ』においては、これに触れるところは全くない（もっとも隣人愛を主題として論じていないというより、隣人愛という言葉さえ見出すことはできない。『神学・政治論』と著しく相違するところである。「感謝」に着目して考察を深めていなければ気付くことのない問題である）。『エチカ』即ち倫理学であれば、人間の大多数を占める民衆こそ問題であり、民衆相互の間のあり方が問われねばなるまい。もとより、スピノザがこの問題を閑却視するわけはない。宿の主婦に従前通りの信仰を保持することを勧めており、何より『神学・政治論』において既成宗教の効用を説いている。困難にして稀なる道は民衆の辿ることのできないものである以上、服従と敬虔による信仰を説き実行せしめる既成の宗教に頼らざるをえない。そうであれば、何故、『神学・政治論』を、あえて世の非難を覚悟してまで、出版しなければならなかったのか。その「緒言」において、民衆には読んで欲しくないとまで断って出版した目的は、神学と哲学の分離であり思想の自由の主張にあった。スピノザの目は一般民衆の上に注がれていたとはいえない。『エチカ』にしても同様である。一般世人を無知な人と呼び、スピノザの説く第一種の認識による表象力によって思考し判断している一般民衆は低い評価より与えられていない。しかしスピノザの視線はすべての人々の上に鋭く注がれている。人間である限りはその対象から除かれることはないとさえいえよう。問題は視線のもつ性格にある。『エチカ』第三部「感情の起源および本性」の序言で述べている言葉は有名である。即ち、第一部の神、第二部の精神についてと同様の方法をもって、つまり「人間の行動と衝動とを線・面および立体を研究する場合と同様に」考察しようというのである。まさに、自然科学者として、事実を客観的に解明していこうとする目である。解剖学者の冷徹な目である。隣人愛として特に述べるところはないが、憐憫・同情については人間にとっての重要な感情である以上述べられているが、積極的な評価は与えられていない。むしろ、これを基本的感情の悲しみに属するものとして、それ自体悪としている。それ自体悪とするところに、単なる自然科学者とは異なった視線の働きがある。この働きがあって倫理学が可能となる。理性によらぬまでも憐憫によっても他人を援助しようとしない者を非人間としてあらゆる人間性を欠いた者と断定している。

スピノザの思想を、ゲープハルトは四等式として簡明に示した（前出、豊川訳、

131～156ページ「第三章」)。
神即自然(Deus sive natura)、神即真(Deus sive veritas)、神即徳(Deus sive virtus)、神即愛(Deus sive amor)、これらをスピノザ教説の四等式と、ゲープハルトは呼んでいる。前二者を規定するのは現実主義者としてのスピノザであり、後の二者については、理想主義者としてのスピノザを認めることができるように思う。四等式はスピノザの思想を総括していると共に、そこから研究が発出していく源泉をなしている。

神即自然についてみるならば、汎神論を最も端的に表現しているとして知られるが、哲学者の宗教、場合によっては科学者の宗教とさえ言われているように、著しく現代的様相を帯びているのが、神即自然である。

神が自然であると言っても、自然が神であると言っても意味するところは変わらないとするならば、あえて神と自然という二語を用いる必要はなくなる。近世・近代さらに現代へと思想の変遷に目を移すとき、神の観念の消退あるいは脱落、他方、それに応ずるかのように自然の思想が拡大強化されている。

スピノザの神即自然は、近世と現代の過渡期を意味していたと見るべきであろうか。神学と哲学との分離は、スピノザの生涯における大きな試みであり、危険を伴うものであったが、また大きな業績ともなった。しかし、神学を分離しながら何故哲学に神を残したか。

単に残したというに止まらず、神の名のもとに、哲学の一大体系を構築しようとし、それを実現した。神即自然と言っても、神に代えて自然を主語として論述（少なくも定理において）することはなかった。スピノザにおける神の思想の大きさを思わぬわけにいかない（「神即自然」に止まらず四等式の要請される所以でもある）。多くの思想家が、この神を、それぞれの思想家の独自性に即して受け取っていった。

「感謝の構造」論の立場から、この神が最も鋭く問われるのは、あらしめられているものの根源をなすものとして、あり得ぬものがかくあることについての根拠を与えるものとして、いわば、恵みの神ということになる。スピノザの神が恵みの神であるか、否か。問題はこの一点にかかってくる。少なくも愛の神を説く以上、またそれを享受（認識）するものの至福が説かれている限り、スピノザの神は恵みの神と断定することが出来る。本論文は、この点に立脚して纏められている。

しかし、神即自然において、神が完全に脱落し、自然がいわゆる単に機械的無機的なものと見なされるならば、たとえ、あらしめられていると言い、あり得ぬものがかくあるという存在論をいかに強調してみても、そこに「感謝」が問題とされる余地はない。それは徹底した認識即ち知の立場である。感謝が問われるには、スピノザの言葉をもってすれば、知的愛がなければならない。問題は、そこで、知的愛における愛へと絞られてくる。単に原因の観念を伴える喜びが愛であると言ってみても、その原因がいかなるものかが更に問われる。言うまでもなくそれは神である。神（万物＝自然）を知ることが喜びなのである。知ることの喜びが神への愛である。神に対する知的愛、あるいは神の知的愛が説かれるのはこのことによる。しかし、知ることと愛することとの間には、相関的・相乗的な作用や効果がみられるにしても、知性と感性を巡る問題は、簡単に結論することのできないものがあるように思われる。

感謝の構造論の立場より、さらに知的愛と恵みについて、より根源的に、また、より現実的に考察する余地が残されているように思う。なお論考中に考察を徹底せず中断したものについては、あえて記すまでもない。

引用文献・参考文献目録

A　スピノザの著作（翻訳）

1　『神・人間及び人間の幸福に関する短論文』（畠中尚志）、岩波文庫、１９６０年。ページ：１５２〜１５３、２２０。

2　『知性改善論』（畠中尚志）、岩波文庫、１９５４年、ページ：9、63、82。

3　『神学・政治論』（畠中尚志）、岩波文庫、上巻１９６９年、下巻１９５２年。ページ：（上巻）40、50、51、１５２〜１５８、１７２、１７３、１９６。（下巻）１３６〜１４３、１４１〜１４３、２５６。

『エチカ』（畠中尚志）、岩波文庫、（上）１９９８年、（下）２０００年。ページ：（上）53、60、64、86、73、１２７、１７７、１７９、２０９〜２１０、２４３、２４９。（下）81、82、１２３、１２７、１２９、１３０、１３６。

『国家論』（畠中尚志）、岩波文庫、１９８８年。ページ：１５８。

『スピノザ往復書簡集』（畠中尚志）、岩波文庫、１９７２年。（参考ページ：89〜１５４、１５７〜１５９）。

B　スピノザの著作

1　SPINOZA, Benedictus de, Tractatus de Intellectus Emendatione, Et de via, qua optime in veram rerum Cognitionem dirigitur, Spinoza Opera, von CAZL GEBHARDT, Heidelberg, Carl Winters, 1972, vol. II, p. 5.

2　SPINOZA, Benedictus de, Ethica, Ordine Geometrico demonstrata, Spinoza Opera, vol. II, pp. 41, 46, 85, 110, 139, 297, 307, 308.

3　SPINOZA, Benedictus de, Tractatus Theologico-Politicus, Spinoza Opera, vol. III, pp. 46, 61, 68, 79, 80, 188.

C　スピノザの研究書

1　石沢要『スピノザ研究』創文社、１９７７年。ページ：（参考、39～２９０）。

2　河井徳治『スピノザ哲学論攷』創文社、１９９４年。ページ：14～26。

3　桂壽一『スピノザの哲学』東京大学出版会、１９５６年。ページ：10、11、３７１～３７２。

4　工藤喜作『スピノザ』講談社、１９７９年。ページ：３６８～３６９（参考）。

5　工藤喜作・桜井直文『スピノザと政治的なもの』平凡社、１９９５年。ページ：

（参考、10～44）。

6　清水禮子『破門の哲学』みすず書房、1978年。ページ：73。

7　篁實『スピノザ』弘文堂、1950年。ページ：4、47。

8　竹内良知『スピノザの方法について』第三文明社、1979年。ページ：42。

D　スピノザの研究書（翻訳）

1　E・カーリー『スピノザ「エチカ」を読む』（開龍美・福田喜一郎）、文化書房博文社、1993年。ページ：229～230。

2　ゲープハルト『スピノザ概説』（豊川昇）創元社、1945年。ページ：27～31、37、40～42、45、58。

3　G・ドゥルーズ『スピノザ―実践の哲学―』（鈴木雅大）平凡社、2000年。ページ：22。

4　J・モロー『スピノザ哲学』（竹内良知）白水社、1973年。ページ：14。

E　「感謝」の参考資料

1　一ノ瀬恵「『ありがとう』と言わない重さ」（『図書』12月号、岩波書店、1989

年）ページ：25〜29。

2　澤潟久敬『医学概論――第二部　生命について』創元社、１９６０年。ページ：２６５。

3　門脇佳吉『道の形而上学』岩波書店、１９９０年。ページ：２５５。

4　加藤尚武『倫理学の基礎』放送大学出版振興会、１９９３年。ページ：１２６。

5　金子武蔵『倫理学概論』岩波書店、１９５７年。ページ：２８９〜２９２。

6　鎌田茂雄『華厳の思想』講談社学術文庫、２００１年。ページ：１９２。

7　カント『道徳哲学』（白井成允・小倉貞秀）岩波文庫、１９６２年。ページ：１３７〜１３８。

8　岸本英夫『死を見つめる心』講談社、１９６４年。ページ：40。

9　M・クライン『羨望と感謝』（松本善男）みすず書房、１９７５年。ページ：15、２０４。

10　柴山全慶『白隠禅師坐禅和讃禅話』春秋社、１９７４年。ページ：70。

11　鈴木大拙『宗教経験の事實』大東出版社、１９４３年。ページ：30〜40。

12　鈴木大拙『妙好人』法蔵館、１９８１年。ページ：69。

13　H・セリエ『現代社会とストレス』（杉靖三郎他）法政大学出版局、１９８８年。

ページ：399〜403。

14 曹洞宗宗務庁出版部編集『修証義』曹洞宗宗務庁、1992年。ページ：27〜33。

15 曹洞宗教学部編『永平元禅師清規』曹洞宗宗務庁、1972年。ページ：5。

16 田邉元『哲学入門』筑摩書房、1949年。ページ：71〜72。

17 田邉元『懺悔道としての哲学』岩波書店、1947年。ページ：235〜236。

18 波多野精一『波多野精一全集第四巻―宗教哲学―』岩波書店、1949年。ページ：277。

19 浜田恂子『価値応答と愛』八千代出版社、1982年。ページ：74〜75。

20 ボルノー『徳の現象学』（森田孝）白水社、1983年。ページ：180〜185。

21 守川吉兵衛編『正信偈稽古和讃・阿弥陀経・御文章』守川吉兵衛印刷発行（富山市）、1912年。

22 『世界の名著32 ロック・ヒューム』大槻春彦責任編集、中央公論社、1998年。ページ：232〜240（ロック「統治論」）550（ヒューム「原始契約について」）。

F　哲学、宗教哲学、倫理学

1　岩崎武雄『西洋哲学史』有斐閣、１９９９年。ページ：１５８。
2　岩崎勉『哲学序想』光の書房、１９４８年。ページ：１７０。
3　金子武蔵編『新しい倫理』河出書房新社、１９６３年。ページ：52、57、３１５。
4　桂壽一『デカルト哲學の發展』近藤書店、１９４８年。ページ：１０５。
5　ハイデッガー『存在と時間（上）』（細谷貞雄・亀井裕・船橋弘）理想社、１９６３年。ページ：83。
6　フォールレンデル『西洋哲学史第二巻』（粟田賢三・吉野源三郎・古在由重）岩波書店、１９４３年。ページ：１５２。
7　藤田富男『宗教哲学』大明堂、１９７３年。ページ：18。
8　諸戸素純「仏教」（田中美知太郎編『宗教と倫理』）人文書院、１９７７年。ページ：３６９。

この拙き書を両親の霊前に捧ぐ

浅野　章（あさの　あきら）

1929年北海道生まれ。空知郡赤平町茂尻砿業所で育つ。1949年より1956年まで国立白川療養所（札幌市）入所。退所者の死生転換を経験。1967年慶應義塾大学文学部（通信教育課程）卒業。2002年日本大学大学院総合社会情報研究科（人間科学）修士卒業。2006年同博士課程単位取得満期退学。1959年より1989年まで北海道大学勤務（文部技官）。

所属学会
日本実験動物技術者協会、日本臨床検査医学会、日本生命倫理学会、日本宗教学会、実存思想協会

スピノザの宗教観
―感謝の観念を中心として―

2021年 9 月28日　初版第 1 刷発行

著　　者　浅野　章
発 行 者　中田典昭
発 行 所　東京図書出版
発行発売　株式会社 リフレ出版
〒113-0021　東京都文京区本駒込 3-10-4
電話 (03)3823-9171　FAX 0120-41-8080
印　　刷　株式会社 ブレイン

ISBN978-4-86641-447-8 C0014
Printed in Japan 2021